1분 우리말

일상과 사회생활의 '글실수'를 예방하는
국어 맞춤법 즉석 처방

1분
우리말

한정훈 · 강민재 **지음**

성림원북스

나의 이미지를 지키는 딱 1분!

지금까지 콘텐츠를 제작하고 수백 명의 크리에이터와 함께하면서 수많은 시청자들의 반응을 접해 왔습니다. 그런데 한결 같은 반응이 있습니다. 자막의 맞춤법을 지켰다고 칭찬해 주는 분은 없지만, 틀렸을 때 지적하는 분은 엄청 많다는 사실입니다.

방송에서도 그렇지만 일상에서도 잘못 쓴 맞춤법은 유독 크게 다가옵니다. 존경하던 부장님이, 사랑하는 연인이, 오래 사귄 친구가 기본적인 맞춤법을 틀릴 때면, 실망스러운 걸 넘어 정이 뚝 떨어진다는 분들도 있더군요. 오늘날 대부분의 소통은 문자를 통해서 이루어지기 때문에 그 어느 때보다 맞춤법의 중요성이 부각되는 것 같습니다.

"맞춤법 좀 틀리면 어때? 뜻만 통하면 되는 거 아니야?"

이렇게 말하는 분도 많습니다. 그래요. 맞춤법 틀렸다고 일일이 지적하지는 않아요. 하지만 보는 사람은 속으로 실망스럽고 얼굴이 화끈거려요. 맞춤법 틀린 사람은 자신이 틀렸다는 사실을 모르기 때문에 부끄러워하지도 않아요. 부끄러움은 오로지 맞춤법 제대로 쓰는 사람의 몫이랍니다.

국어 맞춤법은 사회적 약속이니까 지켜야 한다는 식의 고리타분한 말은 안 할게요. 다만 맞춤법 몰라서 지금껏 쌓아온 평판과 이미지에 금이 가게 해서는 안 되겠죠? 썸 타는 이성과 잘돼가고 있는데, 맞춤법 때문에 정떨어지면 어떡해요?

알아요. 국어 맞춤법 정말 까다로워요. 매일 뉴스를 전하는 아나운서도 매번 헷갈려요. 그래서 책이나 인터넷 사이트를 찾아보면 알아듣기 힘든 문법 용어와 규칙들 때문에 정신만 혼미해집니다. 당장은 거기 나와 있는 대로 고쳐 쓰긴 하지만, 머리에 오래 남지는 않습니다.

그래서 기획한 것이 〈1분 우리말〉이었습니다. 국어의 규칙과 이론을 알아 두면 좋겠지만, 복잡한 설명 없이도 많은 사람이 우리말을 쉽게 이해하고 오래 기억할 수 있는 콘텐츠를 만들고 싶었거든요.

어렵고 복잡한 내용을 일상의 언어와 예시로 풀어서 설명하고, 자주 틀리는 발음, 죽을 때까지 헷갈릴 것 같은 맞춤법, 계속 틀리면서도 틀린 줄 모르고 쓰는 단어들, 순우리말과 외래어 표기법까지 사회생활을 하면서 자주 쓰는 단어들 위주로 정리해서 만들었습니다.

그리고 이렇게 책으로 출간되기까지 했습니다.

이 책은 전문 지식을 전하는 게 아니고, 성공으로 이끌어 주지도 않으며, 돈을 벌게 해 주지도 않아요. 하지만 다양한 사람들과 어우러져 살아가고 수많은 '톡질'을 하는 동안 내 이미지를 깎아 먹을 단 1%의 감점 요인만큼은 없애 줄 것이라 생각해요.

소중한 나를 지키는 1분이 되었으면 합니다.

한정훈·강민재

CONTENTS ·······

◀ 2장

살아오면서 한 번쯤은 헷갈린 맞춤법

3장

잘못 쓰면 뜻이 달라지는 단어들

6장
뭔지는 아는데 이름은 모르는 물건들 명칭

1장

자주 쓰면서
계속 틀리는 단어

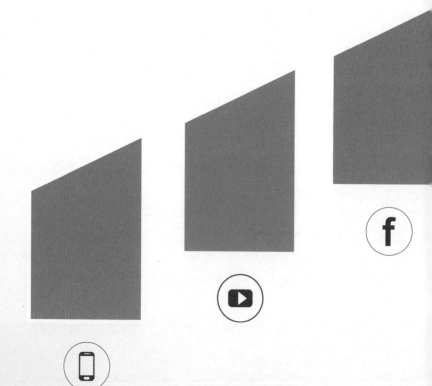

되요 vs 돼요

참 자주 헷갈리는 맞춤법 중 하나죠?

하지만 '되요'라는 말은 아예 존재할 수 없습니다. '돼요'가 맞죠.

그냥 문장의 마지막에 쓸 때는 무조건 '돼요'나 '돼'를 쓴다고 외우면 '돼요'.

그래도 헷갈린다면! '되' 뒤에 '어'를 붙여 보면 됩니다. '돼'는 '되+어'를 줄인 단어예요.

'어'를 붙였는데 자연스러우면 '되어'를 줄인 '돼'를 써야 하는 거고, '어'를 붙였는데 어색하면 '되'만 사용하면 되는 거죠.

'되어요'는 '어'를 붙였을 때 자연스러우니까 '돼요'인 겁니다.

그러면 '되다'와 '돼다'는 뭐가 맞을까요?

'되어다' 어색하죠? 그러니까 '되다'가 맞는 겁니다.

또 '됬다'와 '됐다' 중 맞는 건?

'되었다'가 자연스럽게 말이 되니까 '됐다'가 맞는 거죠.

· 나중에 네가 의사가 되면 얼마나 좋을까?
· 하는 일이 순조롭게 잘되다.
· 그렇게 하면 안 돼.
· 훌륭한 사람이 돼라. (▶'훌륭한 사람이 되라.'와 같은 표현을 쓰기도 하는데, 이는 듣는 사람이 앞에 있을 때는 쓰지 못하고 문어체와 간접 인용 등에 쓴다.)

- 002 -
며칠 vs 몇일

'몇 일'과 '며칠', 어떤 게 맞는 표현일까요?

이건 정말 많이 틀리는 맞춤법 중 하나죠. 결과부터 이야기하자면, '몇 일'이라는 표현은 무조건 틀린 것입니다.

몇 일 전에 (×) → 며칠 전에 (○)

몇 일 동안 (×) → 며칠 동안 (○)

몇 월 몇 일 (×) → 몇 월 며칠 (○)

예전에는 '몇 일'과 '며칠' 둘 다 맞는 표현이었다고 해요. 하지만 표준 발음 규정이 바뀌면서 이제는 '며칠'만 사용할 수 있게 되었습니다. 관련 규정은 [표준 발음법 제4장 15항]과 [한글 맞춤법 제4장 제4절 27항]에서 확인 가능합니다. 앞으로는 바르게 사용하도록 해요.

· 너, 며칠 새 얼굴 좋아졌다?

· 이야, 며칠 만에 바깥 공기를 마시는지 몰라.

· 며칠 동안 깜깜무소식이어서 걱정이야.

· 오늘이 몇 월 며칠이냐?

- 003 -
뭐 해 vs 머 해

오빠

오빠, 머 해? 집에 올 때 콜라 좀 사다 줘.

무식하긴. '머'가 뭐냐? '뭐'라고 해야지.

나 안 무식하거든. '머'도 맞거든.

야, 우기지 좀 마라.

머, 무식한 너한테는 우기는 걸로 보이겠지.

하여튼 무식해 가지고….

지는 하나만 알고 둘은 모르면서….

자주 쓰면서 계속 틀리는 단어 →

'머 해?'와 '뭐 해?' 둘 중에 옳은 표현은 어떤 걸까요? 놀랍게도 둘 다 사용할 수 있습니다.

'뭐'는 평소 질문을 할 때 자주 쓰는 단어죠? 이 '뭐'의 구어적인 표현인 '머' 또한 표준어입니다. 구어적 표현이기 때문에 대화나 메시지에는 쓰더라도 제대로 된 문장을 쓸 때는 가급적 안 쓰는 편이 좋겠죠?

이처럼 표준어가 아닌 줄 알았는데 표준어인 단어가 여럿 있어요. 저속한 말처럼 들리는 '조지다', '오지다'와 '주작'이라는 단어까지 모두 표준어입니다.

조지다 : 어떤 형편이나 일을 망치다 / 쓰거나 먹어서 없애다

오지다 : 마음이 흡족하고 흐뭇하다 / 허술한 데가 없이 알차다

주작 : 없는 사실을 꾸며 만듦

오지는 《1분 우리말》로 우리말 파괴를 조지는 그날까지!

[대명사]

· 너 뭐 하고 있냐?

· 혼자서 머 먹었냐?

[감탄사]

· 뭐, 그런 인간이 다 있냐?

· 사람 사는 게 다 그렇지, 머.

- 004 -
데 vs 대

'~데'와 '~대'를 정리해 볼까요? 아마 맞게 쓰다가도 혹시 틀린 건 아닌지 의심이 가는 맞춤법인데요, 구분하는 법은 바로 이것! 제3자를 통해서 전해 듣는 경우에는 '~대', 나 자신의 경험을 말할 때는 '~데'를 쓰는 겁니다. 예시를 볼까요?

[직접 본 경우]

오늘 태식이 봤는데, 그 자식 엄청 세졌데.

[전해 들은 경우]

판수 형한테 들었는데, 태식이가 돌아왔대.

또한 '~대'는 어떤 사실에 대한 의문을 나타낼 때도 사용합니다.

"왜 이리 시끄럽대?"
"몰라. 주변에서 공사를 하나 봐."

'~데'와 '~대', 일단 알고 나니까 별거 아니죠?

곽 티슈 vs 갑 티슈 vs 각 티슈

갑 티슈, 곽 티슈, 각 티슈…… 이 중에 정답은? 3초 드리겠습니다. 3, 2, 1! 정답은 '갑 티슈'입니다. 헷갈리는 분 많으시죠? 평소에 사람들이 자주 틀리는 단어이기도 합니다.

국립국어원에서는 '갑 티슈'를 표준어로 정의했습니다. '갑匣'이라는 한자의 뜻풀이가 '작은 상자'이거든요. 성냥갑, 담뱃갑, 비눗갑 등의 갑이 여기에 해당하죠. 그러니까 성냥을, 담배를, 비누를, 휴지를 담는 작은 상자라는 뜻으로 앞뒤에 '갑'이 붙는 겁니다.

'곽'은 죽은 사람을 매장할 때 관을 넣는 시설을 말해요. '각'은 '곽'이 변화한 말이거나 아마도 갑 티슈가 네모로 각이 진 것을 두고 쓴 표현이겠죠. 그래도 '작은 상자'를 뜻하는 '갑'이라는 말을 써야 올바른 표현입니다.

아, 그리고 티슈tissue는 영어이니까 화장지나 휴지로 순화해서 써야 한다는 점, 기억해 주세요. 정확한 표현은 갑 휴지!

뵈요 vs 봬요

사회생활을 하면서 참 자주 쓰는 말이 "이따가 뵈요." 또는 "이따가 봬요."입니다. 그런데 뭐가 맞을까요? '봬요'가 맞는데요, 판단하는 방법은 2가지입니다.

첫 번째는 '봬'가 '뵈어'의 준말이기 때문에 '뵈어'를 넣어 보는 겁니다. 그러면 "이따가 뵈어요."가 자연스럽죠? 그러니까 '봬요.'가 맞습니다. 그런데 "이따가 뵈업겠습니다." 이건 이상하죠? "이따가 뵙겠습니다."가 자연스러우니까, 이게 맞습니다. "나중에 뵈얼 수 있을까요?"도 어때요? 어색하죠? 따라서 "나중에 뵐 수 있을까요?"가 정답입니다.

두 번째는 '해'와 '하'를 넣어서 판단할 수도 있습니다. '봬=해', '뵈=하'로 바꾸어서 써 보는 거예요. '하요'보다는 '해요'가 자연스러우니까 '봬요'가 맞습니다. '해겠습니다'보다는 '하겠습니다'가 자연스러우니까, '뵙겠습니다'가 맞는 거죠.

위의 2가지 방법 중에 하나라도 외워서 헷갈릴 때 유용하게 써먹고 절대 틀리지 맙시다.

어떻해 · 어떻게 · 어떡해

어떻해, 어떻게, 어떡해……. 생김새도 비슷하고 발음도 비슷하죠?

충격적인 사실을 알려 드릴게요. '어떻해'는 절대!!! 절대!!!!! 써서는 안 되는 잘못된 표기입니다. 그냥 죽을 때까지 이건 쓸 일이 없다 생각하시면 돼요.

그러니까 이제 '어떻게'와 '어떡해'만 구분하시면 됩니다.

간단히 말해서 '어떡해'는 '어떻게 해'의 준말인데요, "나 이제 어떡해?"와 "나 이제 어떻게 해?"가 같은 말인 거죠. 영화 〈건축학개론〉의 납득이 조정석의 명대사 "어떡하지, 너?" 역시 "어떻게 하지, 너?"와 같은 말입니다.

마지막으로 다시 말씀드릴게요. '어떻하다', '어떻해', '어떻하지'는 절대 없는 말이라는 사실, 꼭 기억해 주세요.

그래도 '어떻해'를 쓰는 사람이 있다면, 나 진짜 어떡해?

[대명사]
· 어떡해야 내가 너를 가질 수 있을까?
· 어떻게 해도 안 되니까 그냥 꿈 깨.

설레임 vs 설렘

있잖아, 나 이런 (설레임/설렘) 정말 오랜만이야.

'설레임'과 '설렘' 둘 중에 뭐가 맞을까요? 정답은 '설렘'입니다.

'설레임'이 더 익숙하게 느껴지는 건 '설레임'이라는 아이스크림 때문입니다. 이 아이스크림 때문에 '설레이다', '설레었어', '설레어' 등 정말 다양한 엉터리 표기들이 생겨났는데요, 이거 다 '땡!'입니다. '설레다', '설렜어', '설레'라고 써야 맞습니다.

그리고 어떤 분은 '설래다'라고 아예 잘못 쓰기도 하는데, '설레다'에 '레'를 쓴다는 건 꼭 기억하세요. 정말 이것까지 잘못 쓰면 정 팍팍 떨어집니다.

다시 한 번 마지막으로, "〈설레임〉 아이스크림 먹을 생각을 하니까 마음이 너무 설레."라고 기억해 두시면 앞으로는 절대 틀릴 일 없겠죠?

거야 vs 꺼야

오빠, 이거 건들지 마! (내 거/내 꺼)야!

'거야'와 '꺼야' 중에 무엇이 옳은 표현일까요?

놀랍게도 '꺼야'는 아예 없는 말입니다. 무조건 '거야'를 사용해야 해요. '거'는 '것'을 구어적으로 표현한 말이어서 '것이야'와 '거야'가 같은 거예요. "이건 내 것이야!"라고 하지 "이건 내 껏이야!"라고 하지는 않잖아요?

그럼 '꺼야'는 도대체 어디서 나와서 우리를 이렇게 헷갈리게 만드는 걸까요? '꺼야'라고 말하는 게 '거야'라고 하는 것보다 발음이 편하고 주장이 강하게 들리니까, 글로 표기할 때 소리 나는 대로 써서 그런 것 같습니다.

결론은~ 그냥, 무조건 '거야'다! 이렇게 암기하시고 일상생활에서 좀 더 주의하면서 사용합시다.

- 010 -

왠 vs 웬

자주 쓰면서 계속 틀리는 단어 →

030

'왠'과 '웬', '왠일이야', '웬일이야'

무엇이 옳을까요? '웬일이야'가 맞습니다.

'왠'은 '왜인지'의 준말인 '왠지'를 사용할 때 빼고는 쓸 일이 없습니다.

헉! 그럼 '왠만하다', '왠만해서는' 등의 표기도 다 틀린 걸까요? 네, 다~ 틀렸습니다. 이런 경우에는 '웬만하다', '웬만해서는'으로 써야 해요.

'웬'은 '어찌 된' 또는 '어떠한'이라는 뜻이 있는데요. 그래서 "이게 웬걸?"은 "이게 어찌 된 거?", "웬일로 일찍 왔어?"는 "어찌 된 일로 일찍 왔어?", "웬 낯선 이가 왔어."는 "어떤 낯선 이가 왔어."로 풀어서 쓸 수 있죠.

앞으로는 헷갈리지 마시고, '왠지' 빼고는 다 '웬'을 쓴다고 기억해 두세요.

※ '웬만하다'는 '정도나 형편이 평균에 가깝거나 그보다 약간 낫다' 또는 '일정한 범위 내에서 크게 벗어나지 않은 상태에 있다'는 뜻으로 쓰이기도 합니다.
· 웬만하면 그냥 넘어가라.
· 살림살이가 웬만하다.
· 그 친구는 성격도 좋고, 공부도 웬만큼은 해요.

- 011 -
안 vs 않

'안'과 '않'을 헷갈려 하는 분들이 많습니다.

'안'은 부정이나 반대의 뜻을 나타내는 '아니'의 줄임말입니다. 그래서 서술어 앞에 사용해요.

저녁을 안 먹었다. / 게임을 안 좋아해. / 하나도 안 재밌어.

반면에 '않'은 '아니 하(다)'의 줄임말이에요. 따라서 문장의 맨 마지막 서술어로 사용해요.

춥지 않다. / 배고프지 않다. / 게임을 하지 않았다.

주변에 '안'과 '않'을 헷갈려 하는 분들이 있다면, 《1분 우리말》을 선물해 줍시당~.

· 안 하는 게 아니라 못하는 거야.
· 네가 올 때까지 떠나지 않을게.
· 네가 약속을 안 지키니까, 나도 약속을 지키지 않겠어.

굳이 vs 구지

이번에는 '굳이'와 '구지'에 대해서 알고 갑시다. 굳이 '구지'라고 쓰는 분은 눈을 크게 뜨세요.

'굳이'는 '단단한 마음으로 굳게', '고집을 부려 구태여'라는 뜻을 갖고 있습니다. 그래서 "너 굳이 그걸 해야겠어?", "굳이 할 필요는 없어."와 같은 상황에서 쓰죠.

사실 '구지'가 아무런 뜻이 없는 건 아니에요. '땅의 가장 낮은 곳' 등의 뜻이 있기는 한데, 일상생활에서는 쓸 일이 거의 없습니다. '굳이'와는 아예 의미 자체가 다르죠.

그런데 왜 사람들은 '굳이'를 '구지'로 쓸까요? 발음 때문이에요. 자음 'ㄷ'과 'ㅌ'은 모음 'ㅣ'와 만나면 'ㅈ'과 'ㅊ'으로 발음하게 되는데 '굳이 → 구디 → 구지'가 된 거죠. 혹시 주변에 '굳이'를 '구지'로 쓰는 분이 있다면 꼭 말해 주세요.

가냘프다 / 가날프다 / 갸날프다

가냘프다, 가날프다, 갸날프다……. 보기만 해도 헷갈리는 단어, 무엇이 옳을까요?

정답부터 말씀드리면, '가냘프다'가 옳은 표현입니다. 발음도 헷갈리죠? '가/냘/프/다'라고 제대로 발음만 하면 헷갈리지 않을 테니까 꼭 발음을 기억하세요.

'가냘프다'는 '몸이나 팔다리 따위가 몹시 가늘고 연약하다'라는 뜻입니다. 특히 연애할 때 많이 쓰는 단어이니까, 제대로 알고 제대로 써야 합니다.

난 가냘프니까 많이 먹어도 돼.

에요 vs 예요

썸남

그런데 이름이 뭐예요?

아, 아직 제 이름을 모르셨군요?
하긴 제가 일방적으로 들이댔으니까, 하하.
제 이름은 '일분'이에요.

제가 실례했네요. 이름도 안 물어보고……

아니예요. 괜찮습니다, 우리 씨.

아, 또 정떨어질라 그런다.

?????

하긴 뭐, '에요'나 '예요'는 좀 어려우니까,
한 번 봐 줘야지.

'~에요'와 '~예요'

드디어 올 것이 오고야 말았습니다! 쉬운 것 같은데도 막상 쓰려고 하면 헷갈려서 정떨어지기 쉬운 맞춤법 틀리기의 끝판왕! 하지만 상대방도 잘 몰라서 의외로 잘 티가 나지 않기는 해요.

일단 앞 단어에 받침이 있다면, 서술격 조사 '~이다'의 어간 '이'와 함께 '에요'를 쓰고, 없다면 '예요'를 쓰는 게 맞습니다. 받침이 있는 단어를 볼까요? '사랑+이+에요'가 맞지, '사랑+예요'라고 쓰지는 않습니다. 받침이 없는 단어의 경우, '내 번호+이+에요'라고 쓰면 이상하죠? 틀린 건 아니지만, '내 번호+예요'라고 줄여서 쓰는 게 자연스러운 표현입니다.

그럼 "'아니예요'가 맞나요?"라고 물어볼 수 있는데, 이 경우에는 '아니에요'가 맞습니다. 그래서 '아녜요'로 줄여 쓸 수 있는 거죠. 이 말은 받침이 없는 단어가 아니라 '아니다'의 어간 '아니'에 '에요'가 붙은 것이거든요. 이렇듯 '에요'와 '예요'가 헷갈리는 건 예외적으로 쓰이는 경우가 있기 때문입니다.

사람 이름 뒤에는 받침 유무와 상관없이 '예요'를 쓰는 것이 보다 세련된 표현입니다. 왜 그럴까요? 우리가 사람 이름을 말할 때 받침이 있는 경우에는 접사 '이'를 쓰는 경우가 많기 때문입니다.

길동도 같이 가자. / 길동이도 같이 가자.

의로운 사람은 길동밖에 없구나. / 의로운 사람은 길동이밖에 없구나.

마찬가지로 자기 이름을 밝힐 때도 우리는 알게 모르게 접사 '이'를 써서 표현하게 됩니다. 그래서 '이'라는 받침 없는 접사와 연결되다 보니, '예요'를 쓰게 되는 겁니다.

제 이름은 길동+이(접사)+이('이다'의 어간)+에요(종결 어미).
→ 제 이름은 길동이+예요(어간+종결 어미).

물론 받침이 없는 이름에 일부러 접사 '이'를 붙이지는 않죠?

제 이름은 하나+이(접사)+이('이다'의 어간)+에요(종결 어미).
→ 제 이름은 하나이예요. (← 이건 어색함)
제 이름은 하나+이(어간)+에요(종결 어미). → 제 이름은 하나+예요.

그런데 성을 붙여서 이름을 말할 때는 군이 접사 '이'를 쓰지 않아요. 그래서 성을 붙일 때 받침이 있는 이름은 뒤에 '(이)에요'가 오고, 받침이 없는 이름은 '예요'가 오죠.

제 이름은 홍길동+이(어간)+에요. → 제 이름은 홍길동+이에요.
제 이름은 강철수+이(어간)+에요. → 제 이름은 강철수+예요.

이외에도 '에요'와 '예요'의 용례가 많습니다. 시간과 장소를 나타낼 때는 상황에 따라 달리 써야 합니다.

A : 지금 어디니?

B : 제주도예요. (현재 있는 장소)

A : 지금 어디 가니?

B : 제주도예요. (향하는 장소)

A : 지금 몇 시니?

B : 12시예요. (지금 현재 시각)

A : 몇 시부터 공부 시작할 거니?

B : 12시예요. (무언가 시작되는 시각)

음, 여기까지 읽고도 여전히 헷갈린다고요? 그래도 많이 써 보면서 감각을 익히도록 해요. 우선 기본 규칙을 외우고, 예외 규정을 숙지한다면 어렵지 않을 거예요. 어쨌든 우리의 썸남처럼 '아니예요'라는 말은 절대 쓰지 맙시다.

무르팍 vs 무릎팍

무릎팍 무릎팍팍! 무릎팍 무릎팍팍! 무릎팍 도사가 맞나요~♬

어린 친구들은 모를 수 있지만, 과거에 크게 인기를 끌었던 MBC 예능 프로그램의 로고송입니다. 당시 강호동 씨가 진행을 했죠. 프로그램의 이름은 〈무릎팍 도사〉. 지상파 대표 예능 프로그램의 제목이 이랬으니, 많은 사람들이 의심하지 않고 '무릎팍'이라는 단어가 옳은 줄 알고 썼어요. 하지만 '무릎팍'은 틀린 단어입니다. 어색하게도 '무르팍'이 맞는 단어예요.

'무르팍'은 '무릎'에 '~악'이라는 말이 붙어서 만들어졌습니다. '~악'은 장소를 뜻하는 옛 접미사인데, 지금은 쓰지 않고 흔적만 남아 있습니다. '무릎+악 → 무르팍'이 된 거죠.

자주 써서 익숙한 단어 중에 틀린 표기가 많으니, 우리말 공부를 더 열심히 해야겠죠?

– 016 –
대가 vs 댓가

그 일로 너는 언젠가 댓가를 치를 것이다.

물건을 샀으면 대가를 지불해야지.

'대가'와 '댓가'는 자주 쓰기 때문에 정말로 자주 틀리는 표현입니다. 무엇이 맞는 표현일까요? 정답은 '대가'입니다. '물건의 값을 치르는 돈', '노력에 따른 보수', '어떤 일로 일어나는 결과', '어떤 결과를 얻기 위한 노력이나 희생' 등의 뜻이 있습니다.

그런데 말을 할 때는 사잇소리 현상이 일어나서 [대까]라고 발음하게 되는데요, 그래서 '댓가'라고 잘못 쓰는 경우가 많습니다.

'대가'를 '댓가'라고 잘못 쓴다면 또 다른 대가를 치를지도 모르니, 조심합시다!

무릅쓰다 vs 무릎쓰다

신문 기사에서도 자주 틀리는 '무릅쓰다'와 '무릎쓰다' 정확히 짚고 가기!

둘 중에 정답은 '무릅쓰다'입니다. 평상시에 글로 쓰기보다는 말로 자주 하기 때문에 어떻게 생겼는지 모르는 사람이 많은 단어입니다.

위험을 무릅쓰고서라도 너를 구하고야 말겠어!
수많은 비난을 무릅쓰고 결국 해냈어.

'무릅쓰다'는 '힘들고 어려운 일을 참고 견디다'라는 뜻입니다.

이 말은 옛날 말인 '무룹다'에서 시작되어 '무룹스다 → 무릅쓰다'로 변화했다고 합니다. 아무래도 '무릅'이라는 글자 자체가 생소하고 낯설어서 평소에 자주 쓰는 '무릎'으로 착각하는 것 같아요. 오늘부로 '무릎쓰다'는 안녕~.

- 018 -
저희 나라 / 우리나라

썸녀

대한민국의 위상이 나날이 높아져서
요즘 어깨가 으쓱해요.

그래요.
외국에 나가서 한국인이라고 자랑하고 다녀도
좋을 만큼 위상이 높아졌어요.

네, 저희 나라 참 좋은 나라예요.

......

잠깐! 나가지 마세요!
내가 뭘 잘못했는지 알려 줘요, 제발.

《1분 우리말》 읽고 공부 좀 하세요.

썸남, 너도 이리 와.

기어이 우리의 썸남도 세종 대왕의 호출을 받았네요.

'저희'는 자신이 속한 집단을 낮추고 상대방을 높일 때 쓰는 표현이죠? 그래서 '저희 나라'라고 표현하는 순간, 우리의 자랑스러운 대한민국을 낮추어 버리게 되는 거예요.

나를 낮추고 상대를 높이는 우리나라 사람의 전통적인 관습과 습관이 밴 탓에 '저희 나라'라고 쓰는지는 모르지만, 모든 나라는 잘살든 못살든, 크든 작든 동등한 지위를 가졌기 때문에 굳이 '저희'라고 표현하면서까지 우리 스스로를 낮출 필요는 없습니다. 그러니 앞으로는 '저희 나라'라는 표현은 절대로 쓰지 않기로 약속.

대한민국은 문화와 경제, 군사적인 부분에서 선진국과 강대국일 뿐 아니라, 어려운 국가의 국민을 돕는 훌륭한 나라입니다. 자랑스러운 대한민국을 당당하게 '우리나라'라고 말할 수 있어야겠죠? 대한민국 파이팅!

십상 vs 쉽상

　'그렇게 될 가능성이 크다'는 뜻으로 '십상'이나 '쉽상'을 자주 쓰는데요, 과연 어느 말이 옳은 표현일까요? '십상'이 정답입니다. 아차 싶으신 분들 있죠? '그렇게 되기 쉽다'라고 제멋대로 뜻풀이를 해서 '쉽상'을 쓰는 분들이 많은 것 같습니다.

　게다가 십상十常은 한자어예요. '열에서 여덟이나 아홉 정도로 거의 예외가 없다'는 뜻을 가진 십상팔구十常八九라는 사자성어에서 '십상'만 가져와서 편리하게 사용하는 겁니다. '십상팔구'를 생각하면 '쉽상'과 헷갈릴 일은 없겠죠?

十常八九!

- 020 -
어따/얻다 대고 손가락질이야!

길거리에서 싸움 났을 때 가장 자주 등장하는 관용구는 "어따/얻다 대고 손가락질이야!" 아닐까요? 이때 '어따'와 '얻다' 중에서 무엇이 옳은 표현일까요? 정답은~ 두두두둥~ '얻다'입니다!

"헉, 어따가 아니었어?" 하고 놀란 분들이 많을 거예요. '얻다 대고' 할 때의 '얻다'는 '어디에다'의 준말입니다.

돈을 얻다 숨겼는지 도통 알 수가 없네.
《1분 우리말》 독자들은 맞춤법 하나만큼은 얻다 내놓아도 손색이 없지.

'어따'는 감탄사로 '무언가를 빈정거릴 때 내는 소리'입니다.

어따, 왜 그렇게 잔소리가 많아?
어따, 그게 그렇게 된 것이야?

- 021 -
눈곱 vs 눈꼽

자고 일어나면 나타나는 불청객인 (눈곱/눈꼽)!

옳은 표현은 '눈곱'입니다!

'눈곱'이라는 단어는 문자로 자주 쓰는 말이 아니기 때문에 헷갈리는 경우가 많습니다. 상대의 얼굴을 보지 않으면서 "야, 너 눈곱 꼈다."라고 쓸 일은 없으니까요. 심지어 '눈곱'을 [눈꼽]으로 발음하기 때문에 소리 나는 대로 적는 분이 많을 거예요.

하지만 '눈꼽'이라는 말은 아예 존재하지 않으니 잊어버립시다!

'눈곱'은 '눈'과 '곱'이라는 단어가 합쳐진 건데요, '곱'은 원래 '동물의 지방'을 가리키던 말에서 나중에 의미가 확대돼 '눈에서 나오는 진득한 액'이라는 의미도 갖게 된 거죠.

일상생활에서 '눈곱'이라는 단어를 문자로 쓸 일은 자주 없지만, 그래도 친구가 눈병에 걸리면 안부 물으면서 써야 하니까, 정확하게 알아 둡시다!

뒤풀이 vs 뒷풀이

대학생, 직장인 가리지 않고 많이 사용하는 단어! 그리고 누구나 좋아하는 단어! 그런데 '뒤풀이'인가, '뒷풀이'인가? 정답은 '뒤풀이'입니다.

'뒤풀이'는 어떤 일이나 모임을 끝낸 뒤에 서로 모여 여흥을 즐기는 것을 말합니다. 같이 일을 하고 모임을 가지면서 서로 갈등을 빚고 마음의 앙금이 남았다면 같이 즐기면서 풀자는 의도에서 뒤풀이를 합니다.

'뒤풀이'의 발음은 [뒤푸리]이기 때문에 발음할 때 사이시옷 현상이 일어나지도 않습니다. 그런데도 굳이 [뒷푸리]라고 발음하면서 '뒷풀이'라고 쓰는 분들이 있어요. 오늘부터는 잘못 쓰는 일 없도록 해요.

희한하다 vs 희안하다

'희한하다'와 '희안하다'는 막상 쓰려고 하면 어느 게 맞는지 헷갈리는 말입니다. 왜냐하면 일상에서 [히안하다]라고 쉽게 발음하는 경우가 많기 때문이죠. 그래서 '희한하다'라고 맞게 써 놓고는 쓱쓱 지워서 '희안하다'라고 틀리게 고치는 분도 있을 거예요.

'희한하다'는 '매우 드물거나 신기하다'라는 의미를 가진 단어입니다. 발음도 [히한하다]예요. '희안하다'는 아예 없는 말이니까, 앞으로는 쓰지 않도록 해요.

'희한하다'가 맞다고? 거 참, 희한하네.

- 024 -
얼만큼 vs 얼마큼

'얼만큼'과 '얼마큼' 중에 뭐가 맞을까요? 힌트를 드릴게요. '얼마만큼'의 준말이에요. 그렇다면 '얼만큼'이 맞을까요, '얼마큼'이 맞을까요?

맞는 표현은 '얼마큼'입니다. 의외로 많은 분들이 '얼만큼'이라고 잘못 쓰고 있을 거예요.

운동을 언제, 얼만큼 쉬어야 하는지는 개인의 당일 컨디션이나 상황에 따라 전부 다르다. (×)

도대체 얼마큼 보상해야 할지 모르겠구나. (○)

나를 얼마만큼 사랑하니? (○)

실제로 뉴스나 신문 기사에도 '얼만큼'이라는 단어를 자주 쓰고 있습니다. 하지만 '얼만큼'은 비표준어이고, '얼마큼'이 표준어라는 사실을 기억합시다.

전세방 vs 전셋방 / 전세집 vs 전셋집

친구

독립하려고 전셋집 알아보고 있는데, 너무 비싸.

혼자 살면서 전셋집은 너무 거창하잖아.
그냥 전세방이나 알아봐.

전셋방 아냐? 전셋집은 전셋집이라고 하잖아.

전셋집은 전셋집, 전세방은 전세방!

왜 다르게 쓰는데?

나도 몰라.

도대체 뭐지?

우리말에는 둘 이상의 단어가 합쳐져서 하나의 단어가 되는 합성어가 많은데요, 합성어가 어떻게 되는지에 따라 사이시옷을 쓸 때도 있고 쓰지 않을 때도 있습니다.

먼저 한자어끼리 이루어진 합성어에는 사이시옷을 쓰지 않는 것이 원칙입니다. 그래서 '전세+방'은 사이시옷을 쓰지 않고 '전세방'으로 표기하는 거죠.

그럼 한자어와 순우리말이 합성된 경우는 어떨까요? 이때는 사이시옷이 들어갑니다. 그래서 '전세+집'은 '전셋집'이 되는 거죠.

그리고 순우리말로 된 합성어에는 앞말이 모음으로 끝난 경우에는 사이시옷이 들어갑니다. 그래서 '나무+ㅅ+가지'가 되어서 '나뭇가지'라고 씁니다.

그런데 우리를 더 헷갈리게 만드는 건 예외가 있기 때문인데요, 아까 한자어+한자어 합성어에는 사이시옷을 쓰지 않는다고 했는데, 6가지의 단어에는 예외가 적용됩니다. '셋방, 곳간, 숫자, 찻간, 툇간, 횟수' 이 6개의 단어인데요, 이 예외만 외우고 나머지 한자 합성어는 사이시옷을 쓰지 않는다고 알면 되는 거죠!

우리말이 아무리 어려워도 전셋집 구하는 것보다는 덜 어려울지도……

· 월세방, 국어과, 무기고 (한자어끼리의 합성어)

· 머릿방, 탯줄, 자릿세 (한자어와 순우리말의 합성어)

· 나룻배, 모깃불, 귓밥 (순우리말로 된 합성어)

구시렁거리다 vs 궁시렁거리다

'궁시렁거리다'와 '궁시렁대다', '궁시렁궁시렁' 등은 일상에서 워낙 많이 쓰기 때문에 맞는 표현인 것 같은데, 사실은 '구시렁거리다', '구시렁대다', '구시렁구시렁'이 옳은 표현입니다. 뜻은 '못마땅하여 군소리를 듣기 싫도록 자꾸 하다'예요. 이때의 '군소리'는 '하지 않아도 좋을 쓸데없는 말'입니다.

그런데 아무리 생각해도 '궁시렁거리다'가 맞는 표현인 것 같죠? 실제로 포털 사이트에서 '궁시렁거리다'를 검색하면, '마음에 탐탁하지 않아서 낮은 목소리로 자꾸 혼잣말을 하다'라고 친절하게 뜻풀이를 해 줍니다. 현재는 비표준어이지만, 이처럼 널리 쓰이는 말은 언젠가 표준어가 될 가능성도 있죠. 하지만 당장은 구시렁거리지 말고 '구시렁거리다'라고 쓰도록 해요.

힘이 달리다 vs 힘이 딸리다

힘이나 체력이 부족할 때 여러분은 어떻게 표현하나요? 대부분의 사람이 '힘이 딸려서', '체력이 딸려서', '기력이 딸려서'라고 표현할 거예요. 하지만 이럴 때는 '달리다'를 써서 표현해야 해요. '능력이나 힘이 모자라다'라는 뜻입니다.

요즘 고기를 못 먹었더니 영 기력이 달려.

'딸려'라고 표현하는 이유는 아무래도 무언가 힘든 일이 있을 때 강조하고 싶은 마음에 된소리를 쓰기 때문일 겁니다.

'딸리다'라는 단어가 없는 건 아니에요. '어떤 것에 매이거나 붙어 있다'는 뜻으로 쓰입니다.

그 집에는 창고가 딸려 있다.
할아버지 가는 길에 손녀를 딸려 보냈다.

돌멩이 vs 돌맹이

자주 쓰면서도 쓸 때마다 헷갈리는 단어 중의 하나가 '돌멩이', '돌맹이'일 겁니다. 어느 게 맞는 걸까요? 정답은 '돌멩이'입니다. '돌맹이'라는 단어는 '돌멩이'를 잘못 쓴 말이니까, 앞으로는 절대로 쓰지 마세요.

알아본 김에 하나 더 살펴볼까요? '알멩이'와 '알맹이'는 어떤 게 맞을까요? '껍데기를 벗기고 남은 속 부분'을 가리키는 말로, '알맹이'가 맞는 말입니다. '돌멩이'와 '알맹이'를 이상하게 섞어서 쓰지 않도록 주의합시다.

나는 돌멩이, 너는 알맹이

움큼 vs 웅큼

손으로 한 줌 움켜쥘 만한 분량을 세는 단위로 쓰는 단어가 있어요. 그런데 '움큼'일까요, '웅큼'일까요? 여러분은 어떻게 표기하고 있나요? '웅큼'으로 알고 있는 분들이 꽤 많을 텐데, 옳은 표현은 '움큼'입니다. '움큼'을 '우큼', '웅큼', '웅쿰' 등으로 쓰는 경우가 많은데, '움큼'만을 표준어로 인정하고 있습니다.

북한에서는 같은 의미로 '웅큼'을 쓴다고 해요. 하지만 우리는 남한 사람이니까 '움큼'을 써야겠죠?

익숙한 발음 때문에 헷갈리는 일이 많은데, 오늘부터는 올바르게 사용하도록 합시다.

힘듬 vs 힘듦

'힘듦'은 '힘들다'의 어간인 '힘들'에 명사 구실을 하게 하는 어미 'ㅁ'이 붙어서 만들어진 말입니다. '만들다' 역시 '만듦'이라고 표현할 수 있어요. 그러면 '베풀다'의 명사형은 무엇일까요? 네, 그렇습니다. '베풂'입니다.

자, 조금 더 들어가 봅시다. 그러면 '힘듦'과 '만듦'은 명사일까요? 그렇지는 않습니다. '힘들다'(형용사)와 '만들다'(동사)는 모두 문장 안에서 서술어 기능을 하는 용언인데, 어미 'ㅁ'이 붙어서 명사와 같은 기능을 수행하게 할 뿐 품사가 바뀌지는 않습니다.

반면에 '젊다'(형용사)에 명사를 만드는 접미사 '음'이 결합해서 만들어진 '젊음'은 명사로 취급합니다. 믿음(믿다+음), 웃음(웃다+음), 죽음(죽다+음)은 모두 명사예요. 뒤에 어미가 오느냐, 접미사가 오느냐에 따라 품사가 달라지는 거죠.

아리송하죠? 당장은 그 단어의 품사가 무엇인지 아는 것은 중요하지 않아요. 다만 단어를 제대로 표기할 줄은 알아야겠습니다.

후유증 vs 휴유증

'병이나 어떤 일을 겪고 난 뒤에 생긴 부작용'을 뜻하는 말은 '후유증'이 맞을까요, '휴유증'이 맞을까요? 대부분의 분들이 '후유증'으로 제대로 알고 있을 겁니다. 그런데 인터넷상에 '휴유증'이라는 말이 워낙 많이 돌아다니기 때문에 내가 틀렸나, 하고 의심이 들 수도 있습니다. 심지어 신문 기사에도 버젓이 사용되고 있어요.

'휴유증'이라고 쓰게 된 이유에 대해서, 자판에 'ㅜ'와 'ㅠ'가 붙어 있어서 발생한 오타이거나 과거에는 많이 사용했다는 등의 의견이 달리는데, 후유증의 후는 한자 '뒤 후後'를 쓰기 때문에 휴유증이라는 말은 처음부터 존재하지 않았습니다. 앞으로 여기저기서 많이 접하더라도 꿋꿋하게 '후유증'이라고 제대로 씁시다.

젠장, 코로나 후유증으로 확진자가 됐어.

그러고 나서 vs 그리고 나서

'그러고'의 기본형은 '그리하다'의 준말 또는 '그렇게 말하다'의 의미인 '그러다'라는 동사입니다. 반면 '그리고'는 단어나 문장을 연결할 때 쓰는 접속 부사죠.

'-고 나서'는 앞말이 뜻하는 행동이 끝났음을 나타내는 말인데 '동사 뒤'에서 쓰입니다. 그러니까 '-고 나서' 앞에는 접속 부사인 '그리고'가 아니라 동사인 '그러다'가 오는 게 맞는 거죠.

이걸 알려 드리고 나서 하나만 더 알려 드리면, '그러고는'은 쓸 수 있지만 '그리고는'은 틀린 표현이라는 것까지!

금세 vs 금새

"자기야, 나 왔어."

"오, 늦는다더니. (금세/금새) 왔네?"

여기서 정답은 '금세'입니다. '금세'는 '금시에'의 준말인데요, '금시^{今時}'는 19세기 이전에 많이 쓰던 단어로 '지금 바로'라는 뜻을 갖고 있습니다. 그러다가 점점 '금시에'로 쓰이다가 '금세'라는 준말이 널리 통용된 거죠.

그렇다면 '금새'는 아예 없는 말일까요? 아닙니다. 엄연히 '물건 값의 싸고 비싼 정도', '물건의 현재 가격'이라는 뜻을 가진 단어입니다. 주로 '금새(를) 치다'라는 관용구로 쓰입니다.

구레나룻 vs 구렛나루

야, 너 (구레나룻/구렛나루) 많이 자랐다. 좀 잘라.

친구의 외모에 관심 갖기 전에 맞춤법부터 관심을 가집시다.

정답은 '구레나룻'입니다. 이상하게 '구렛나루'가 옳은 표현 같지 않나요? 우리말 문법에서 자주 보이는 사이시옷 현상이 일어나야 할 것 같은 느낌이 드니까요. 하지만 아닙니다.

'구레'와 '나룻'을 하나씩 뜯어보면 확실히 이해가 될 텐데요, 두 단어가 합쳐진 단어이기 때문입니다. '구레'는 '소나 말의 머리나 목에 매는 줄'로 '굴레'의 옛말이고, '나룻'은 수염을 뜻하는 고유어 '날옺'에서 나온 말입니다. 그래서 '구레나룻'은 '소나 말에게 씌우는 굴레처럼 난 수염'이라는 말이죠.

'날옺'이 '수염'을 뜻하고 이걸 '나룻'으로 발음한다고 생각하면, 앞으로 헷갈릴 일 없겠죠?

- 035 -
시월 vs 십월

'10월'은 어떻게 발음하고, 어떻게 적어야 할까요?

자, 볼까요? 7월, 8월, 9월, 10월[시뤌]! 칠월, 팔월, 구월이니까 십월이 맞지 않나 싶으시죠?

예상하셨듯이 '십월' 아닙니다. [시월]이라고 발음하고 '시월'이라고 적는 게 맞아요. [시뤌]은 그냥 욕하는 거라고 생각하시면 됩니다.

우리말에는 발음하기 편하게 하는 원칙들이 있는데요. '달[月]'을 말할 때 이런 발음이 하나 더 있습니다. 바로 '유월'이죠. 6월을 육월이라고 하지 않고 [유월]이라고 발음하고 적을 때도 똑같이 '유월'이라고 하는 거예요. '오뉴월 감기는 개도 안 걸린다'는 속담에서도 원래 '오육월'인데, 발음하기 편하게 [오뉴월]로 발음하고 표기하는 겁니다.

괜히 날짜 이야기하다가 갑자기 욕하지 마시고, '시월'이라고 제대로 발음하고 쓰세요.

- 036 -
보자마자 손절하고 싶어지는 맞춤법 파괴 사례

평소에 대화를 할 때는 잘 몰랐다가 톡이나 메시지를 주고받으면서 상대의 밑천을 알게 되는 경우가 많습니다. 이럴 때는 정말 정이 뚝뚝 떨어지죠? 맞춤법 좀 틀린 것 갖고 뭘 그러느냐는 분도 계시겠지만, 지금부터 보여 드릴 사례를 접하면 좀 지나치다 싶은 생각이 드실 거예요. 만약 이런 사람과 연애라도 하고 있다면, 과연 결혼하고 싶은 마음이 들까요?

1.

A : 승모가 모자 사 줬어.

B : 승모? 네 친구 중에 승모라는 애가 있어?

A : 아니, 우리 왜승모.

B : ?????

A가 거론한 대상은 바로 '숙모'였어요. A는 숙모라는 글자를 본 적이 없는 걸까요? 그냥 들리는 대로 적어 놓은 게 분명해요. 그래도 '숭모'라고 적기에는 뭔가 한글이 아닌 것 같으니까, 나름 고민한 흔적이 있습니다.

2.

A : 야, 왜 아무도 안 와?

곱셈추위라고 다들 안 나오는 거냐?

설마 '꽃샘추위'를 말하는 건 아니겠죠? 제발 아니라고 해 줘.

3.

A : 우리 과장 말이야. 완전 꼰대야.

B : 꼰대 아닌 상사가 어디 있냐?

그냥 그러려니 하고 일해야지.

A : 우리 과장은 정도가 너무 심해.

골이따분하기 짝이 없어.

B : 너, 설마 '고리타분'을 말하는 거 아니지?

네, '고리타분'을 '골이따분'이라고 썼어요. 아, 그런데 왠지 모르게 뜻이 통하는 것 같은 건 저만의 느낌인가요?

골이따분~ 이상하게 맞는 말인 것 같네.

4.

A : 다시는 그 녀석이랑 마주칠 일 없을 거야.

B : 내가 보기엔 너도 잘한 것 없어.

　그러니까 네가 먼저 사과하는 게 좋지 않겠어?

A : 야, 나한테 일해라절해라 하지 마.

　정말 맞춤법의 선구자라고 하지 않을 수 없습니다. '이래라저래라'를 '일해라절해라'로 표현한 분들은 나름 확신을 갖고 있는 것 같아요. '골이따분'과 마찬가지로 왠지 모르게 뜻이 통하는 것 같잖아요.

　맞춤법 잘 모르는 게 큰 잘못은 아닙니다. 하지만 언어와 문자는 최소한의 소통 수단이에요. 다소 실수를 할 수는 있지만, 그렇다고 '창작'은 하지 않도록 해요. 문자는 그 사회의 구성원들이 암묵적으로 합의한 약속이에요. 제멋대로 그 약속을 깨서는 안 되겠죠?

2장

살아오면서
한 번쯤은
헷갈린 맞춤법

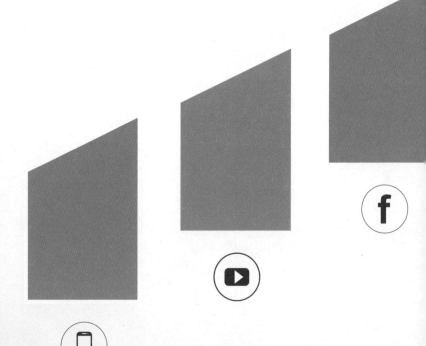

뒤치다꺼리 vs 뒤치닥거리

자식이 한심해 보일 때 엄마들이 제일 많이 쓰는 말! 옳은 표현은 '뒤치다꺼리'일까요, '뒤치닥거리'일까요? 정답은 '뒤치다꺼리'입니다.

그런데 '뒤치다꺼리'가 합성어인 건 아시나요? '뒤'와 '치다꺼리'가 합쳐진 건데요. '치다꺼리'는 '일을 치러 내는 일', '남의 자잘한 일을 보살펴 도와줌'이라는 뜻을 갖고 있습니다. 여기에 '뒤'가 붙어서 '뒤에서 일을 보살펴서 도와주는 일', '일이 끝난 뒤에 뒤끝을 정리하는 일'이라는 뜻이 되는 거죠. '뒷바라지'와 비슷한 말입니다.

그럼 세종 대왕님께 또 불려간 딸이 말한 '뒷치다꺼리'는 어떨까요? 앞의 25번 글에서 우리는 받침이 없는 순우리말끼리 결합될 때는 사이시옷이 들어간다고 알게 되었어요. 그럼 '뒤'와 '치다꺼리' 둘 다 순우리말이니까 사이시옷이 들어가서 '뒷치다꺼리'가 맞지 않을까요? 하지만 아닙니다. 순우리말이나 순우리말과 한자어가 결합하더라도 거센소리와 된소리 앞에서는 사이시옷을 쓰지 않아요. 그래서 '뒷길'이라고 쓰지만 '뒷뜰'이라고는 쓰지 않고 '뒤뜰'이라고 쓰는 거예요.

[순우리말끼리 합쳐질 때 사이시옷 첨가]

· 뒤 + ㅅ + 길 = 뒷길

[순우리말 합성어에서 뒤에 된소리나 거센소리가 올 때는 사이시옷 첨가 안 함]

· 뒤 + 뜰 = 뒤뜰

· 뒤 + 처지다 = 뒤처지다

교통 체증 vs 교통 체중

"자기야, 나 교통 체중이 심해서 15분 정도 늦을 것 같아. 미안해."

"헤어지자."

"고작 15분 늦는다고 헤어져?"

이 커플은 왜 헤어지게 된 걸까요? 15분 늦어서? 아니죠. 약속에 늦는 건 참아도 맞춤법 틀린 건 용서가 안 된 모양이에요.

'체중'은 '몸의 무게'입니다. "아, 나 체중 늘었어."라고 할 때 쓰는 거죠. 반면에 '체증'은 '먹은 음식이 잘 소화되지 아니하는 증상'이나 '교통의 흐름이 순조롭지 아니하여 길이 막히는 상태'를 뜻합니다. 그래서 "아, 십 년 묵은 체증이 내려가는 것 같다.", "오늘은 교통 체증이 심하네."와 같이 쓰죠.

우리, 늦지도 말고, 맞춤법도 틀리지 말아요. 약속~.

명예 훼손 vs 명예 회손

온라인상에서 댓글로 싸움이 붙으면 꼭 이런 글이 달립니다.

님, 내가 명예회손으로 고소할 거임... (부들부들)

글쎄요. 아마도 세종 대왕님이 먼저 국어 훼손으로 고소할 것 같지 않나요?

'훼손'은 '체면이나 명예를 손상함', '헐거나 깨뜨려 못 쓰게 만듦'이라는 뜻을 갖고 있습니다. 그래서 "명예를 훼손당하다.", "범죄자가 문화유산을 훼손하다." 등으로 쓰이죠.

'흙이나 시멘트 따위를 떠서 바르고 그 걸 표면을 반반하게 하는 연장'인 흙손을 노동 현장에서는 '회손'이라고 부르기도 하는데, 정확한 표기는 아닙니다. 어쨌든 '명예 회손'은 그냥 국어가 아닌 거죠. 그러니까 무조건 쓰지 맙시다.

대물림 vs 되물림

'부도 대물림되지만, 가난도 대물림된다.'

슬프지만, 가혹한 현실입니다. 부를 물려줄 순 없다 하더라도 잘못된 맞춤법을 대물림해서는 안 되겠죠?

많은 분들이 '대물림'을 '되물림'으로 잘못 알고 있습니다. '대물림'은 한자 '대代'와 우리말 '물림'이 합쳐진 단어이니 헷갈리면 안 됩니다.

'되물림'이라고 착각하는 이유는 일상에서 '되감기', '되새김질' 등과 같이 '되'가 붙은 단어를 자주 쓰기 때문인 것 같습니다. '되'에 '다시'라는 뜻이 있어서 '다시 물려주다'라는 의미로 해석한 탓에 '되물림'으로 잘못 쓰는 것이겠지요. 하지만 '기업이나 사물을 후대에 물려주다'라는 의미를 알면 정확하게 쓸 수 있을 거예요.

우리, 바르고 좋은 말만 대물림해 줍시다.

사단 vs 사달

"결국 터질 게 터졌네. (사단/사달)이 났어."

불안불안하다가 딱 일이 터졌을 때 쓰는 말이죠? 이럴 때는 '사달'이 맞게 쓰인 겁니다.

'사달'은 '사고나 탈'이라는 뜻이고, '사단'은 '사건의 단서나 실마리'를 뜻합니다. 생긴 게 비슷해서 헷갈릴 수 있지만 외우는 방법은 정말 간단해요. 뜻풀이의 앞글자만 따서 외우면 됩니다.

'사고나 탈'이니까 '사탈'이라고 외워서 '사달'이라고 쓰면 되고, '사건의 단서'이니까 '사단'이라고 외우면 되겠죠?

어때요? 참 쉽죠?

턱도 없다 vs 택도 없다

학창 시절, 부모님에게 가장 많이 들었던 말…….

"너, 그렇게 공부해서는 대학 택도 없다!"

맞는 말이긴 한데, 맞춤법은 틀렸으니까 짚고 넘어갈게요.

여기서 쓴 '택'의 옳은 말은 '턱'입니다. '턱'은 '마땅히 그리하여야 할 까닭이나 이치', '그만한 정도나 처지'라는 뜻의 단어로, 독립적으로 사용하지는 못합니다. 그래서 '턱도 없다', '턱없다', '턱없이'처럼 부정의 의미로 쓰이죠.

'턱'은 '터'에서 유래했다고 해요. '터'는 '땅'이라는 의미 외에 '근거'라는 뜻도 있습니다. 그래서 '무턱대고'는 '없을 무無'에 '턱'을 합쳐서 '근거도 없이 마구'라는 뜻을 갖게 된 거죠.

'턱'이 '터'에서 유래했다는 사실을 알면 '택'과 헷갈릴 일은 없겠죠?

- 043 -
잇따르다 vs 잇달다

뉴스에서 정말 자주 나오는 표현입니다.

범죄가 (잇따라/잇달아) 발생하고 있습니다.

고속도로에서 차량이 (잇따라/잇달아) 추돌했습니다.

둘 중에 답은? 둘 다 정답입니다.

'잇따르다'와 '잇달다'는 '움직이는 물체가 다른 물체의 뒤를 이어 따르다', '어떤 사건이나 행동 따위가 이어 발생하다'라는 공통된 뜻을 가지고 있습니다. 여기서 차이점이 딱 하나 있는데요, 바로 '잇달다'에 '잇따르다'에는 없는 뜻이 하나 더 있다는 점입니다. '일정한 모양이 있는 사물을 다른 사물에 이어서 달다'라는 뜻입니다. "화물칸을 객차 뒤에 잇달았다."라는 말로 쓸 때는 '잇따르다'를 쓸 수 없는 거죠.

하지만 일상생활에서 쓸 때는 '잇따르다'와 '잇달다'가 똑같이 쓰인다는 사실! 둘 중 뭐든 평소 쓰는 대로 쓰면 될 것 같네요.

짓궂다 vs 짖궂다

"으이그, 자기는 정말 짖궂어."

"아니, 네 맞춤법이 더 짓궂어."

'짓궂다'는 '장난스럽게 남을 괴롭고 귀찮게 하여 달갑지 아니하다'라는 뜻을 가진 단어로, '짓'과 '궂다'가 합쳐진 단어입니다.

'짓'은 '짓이기다', '짓누르다'에서 보는 것처럼 '함부로' 한다는 느낌이 있죠? '궂다'는 '날씨가 나쁘다', '언짢고 나쁘다'라는 뜻이 있습니다. 그래서 '궂은 날씨', '궂은 일'과 같이 쓰이죠. 그래서 '짓'과 '궂다'가 합쳐져서 '함부로 해서 언짢고 기분 나쁘다', '귀찮게 해서 달갑지 않다'라는 의미가 된 거죠.

받침에 'ㅅ'과 'ㅈ'이 같이 쓰여서 헷갈릴 수 있는데, 쪼개서 생각하면 외우기 쉽겠죠?

가졌다 vs 갖었다

단어가 활용되는 모양이 아리송할 때는 먼저 단어의 기본형을 생각해 봅시다. 우리가 알고 싶어 하는 단어의 기본형은 '가지다'입니다. '갖다'는 '가지다'의 준말이에요.

가지+어서 → 가져서 / 가지+었다 → 가졌다
가지+어야 → 가져야 / 가지+어라 → 가져라

'가지다'의 어간인 '가지' 뒤에 '어/었'과 같이 'ㅇ'이 오면 위의 형태로 줄여서 쓰면 됩니다. 그런데 뒤에 'ㅇ'이 아닌 것이 붙으면 아래와 같이 줄여서 쓸 수 있습니다.

가지고 → 갖고 / 가지는 → 갖는 / 가지거나 → 갖거나

어간인 '가지'가 '갖'으로 줄어드는 거죠.
따라서 "꿈을 갖어라."가 아니라, "꿈을 가져라."가 정답입니다.

내디뎠다 vs 내딛었다

'갖다', '가지다'는 이제 좀 알겠어.
그런데 헷갈리는 게 또 있어.
'내디디다'랑 '내딛다'는 뭐가 옳은 거냐?

소년, 아주 좋은 자세야.
잘 모를 땐 막 쓰지 말고 그때그때 알아봐야지.

그래서 뭐가 맞는 건데?

둘 다 맞아.

그럼 '내디뎠다'랑 '내딛었다'도 둘 다 맞아?

아니, 그건 '내디뎠다'가 맞고 '내딛었다'는 틀려.

왜 그런 건데?

《1분 우리말》로 고고!

헷갈릴 때는 어떻게 하죠? 네, 단어의 원형과 기본형을 알아보면 됩니다.

'내딛다'는 '내디디다'의 준말입니다. 그러니까 '내디디다'가 원형이죠. 그래서 '내디디'에 다른 말을 붙여서 활용을 합니다.

내디디다+어 → 내디뎌
내디디다+었다 → 내디뎠다

'내디디' 뒤에 'ㅇ'이 오면 '디+어'를 '뎌'로 줄여서 씁니다. 하지만 '내디디' 뒤에 'ㅇ'이 아닌 다른 것이 붙으면 달라집니다.

내디디다+고 → 내딛고
내디디다+는 → 내딛는
내디디다+게 → 내딛게

위와 같이 '디디'를 '딛'으로 줄여서 씁니다.

무얼 하든 기본이 탄탄해야 한다고 하죠. 헷갈릴 때는 무조건 기본형부터 찾아봅시다.

짜깁기 vs 짜집기

"자료 조사하면서 이것저것 대충 '짜집기'하면 낙제 받을 줄 알아."

"교수님, '짜집기'라고 하면 우리말도 낙제 받아요."

옷을 수선하는 집에서나 과제할 때 자주 접하는 말이죠? '짜집기'가 아니라 '짜깁기'가 정확한 말입니다.

'짜깁기'는 '직물의 찢어진 곳을 그 감의 올을 살려 본디대로 흠집 없이 짜서 깁는 일' 혹은 '기존의 글이나 영화 따위를 편집하여 하나의 완성품으로 만드는 일'이라는 뜻을 갖고 있습니다. 이상하게도 발음상 '짜집기'가 더 편해서 실수를 자주 하는 것 같아요.

'짜깁기'는 원래 '짜 맞추어 기워 내는 행위'로 옷을 수선할 때 쓰는 말이었다가 글이나 영화를 완성할 때도 사용할 수 있도록 의미가 확장되었습니다. 원래 의미인 '짜 맞추어 기워 내는 행위'의 앞글자만 생각하면 '짜깁기'라고 외우기 편할 겁니다.

삐지다 vs 삐치다

"야, 쟤 또 삐졌다."

"뭐래? 나 안 삐쳤거든!"

둘 중 누가 틀렸을까요? 틀린 사람은 없습니다. '삐지다'와 '삐치다' 둘 다 정답입니다.

'성나거나 못마땅해서 마음이 토라지다'라는 의미의 단어로는 원래 '삐치다'만 옳았습니다. 하지만 2014년에 '삐지다'도 같은 의미의 표준어로 인정했다고 해요. 다만 '삐치다'와 '삐지다'는 토라진다는 의미 외에 각각 다른 뜻을 갖고 있는데요, '삐치다'는 '글씨를 쓸 때 글자의 획을 비스듬히 아래에서 위로, 또는 위에서 아래로 긋다'라는 뜻이 있고, '삐지다'는 '칼 따위로 물건을 얇고 비스듬하게 잘라 내다'라는 뜻이 있습니다.

평소 "삐치지 마.", "삐지지 마."라고 쓸 때는 둘 다 정답이라는 사실! 누가 맞춤법 지적해도 삐치거나 삐지지 말기.

동고동락 vs 동거동락

과거에 〈동거동락〉이라는 예능 프로그램이 있었습니다. '동고동락'이라는 말을 일부러 틀리게 쓴 이름이었는데, 이후로 '동고동락'을 '동거동락'으로 잘못 쓰는 분이 많아진 것 같아요.

'동고동락'의 '동同'은 '같다', '함께'라는 뜻이고, '고苦'는 '고통', '고생', '락樂'은 '즐거움'이라는 뜻입니다. 그래서 '같이 고생하고 같이 즐거워한다'는 뜻이죠. 오래된 친구를 소개할 때 "얘, 나랑 동고동락하는 사이야."라고 말하는데, 그만큼 고통과 즐거움을 함께한 특별한 사이라는 의미예요.

'동거동락'으로 헷갈리는 이유 중 하나가 '동거'에 '같이 살다'는 뜻이 있어서 '같이 살면서 즐거움을 나눈 사이'라고 해석하는 경우가 많기 때문이기도 합니다.

내로라하는 vs 내노라하는

이번 아카데미 후보에는 정말 (내노라/내로라)하는 배우들만 올랐네.

정답은 '내로라'입니다. '내로라하다'는 '어떤 분야를 대표할 만하다'라는 뜻을 가진 동사입니다.

'내놓다', '내놔라' 등과 같이 '내노라'와 비슷한 발음을 가진 말을 많이 쓰기 때문에 '내노라하다'라고 헷갈리는 경우가 많은데요, '내노라하다'는 아예 없는 말이니까 절대 써서는 안 됩니다.

어디 가서 내로라하는 인물이 되려면, 우리말의 기본인 맞춤법부터 제대로 알아야겠죠?

- 051 -
불은 vs 분

나는 꼬들꼬들한 것보다는 살짝 (불은/분) 라면이 좋아.

'불은'과 '분' 중에 무엇이 맞을까요? 라면은 어떻게 먹어도 맛있지만, 먹기 전에 맞춤법부터 알아보고 먹읍시다.

자, 이럴 때는 기본형부터 봐야겠죠? '물에 젖어서 부피가 커지다'라는 의미를 가진 단어의 기본형은 '붇다'입니다. 이 '붇다'에 '어/은/어서'와 같이 'ㅇ'으로 시작하는 어미가 붙으면 아래에서 보는 것처럼 'ㄹ'이 추가되면서 변형이 일어납니다.

붇다+어 → 불어

붇다+은 → 불은

붇다+으면 → 불으면

하지만 이외의 것이 붙을 때는 변형 없이 그대로 쓰면 됩니다.

붇다+고 → 붇고

붇다+기 → 붇기

그래서 '불은 라면'이 옳은 표현이 되는 거죠.

그래도 너무 퉁퉁 불으면 먹기 좀 그러니까, 더 붇기 전에 먹으러 가 볼까요?

모둠회 vs 모듬회

모듬 회, 모듬 전, 모듬 김밥······. '모듬'이라는 말을 참 자주 접하게 됩니다. 그런데 비슷하게 생긴 '모둠'이라는 단어도 있어요. '모듬'과 '모둠' 중에 어느 것이 맞을까요?

"여기 (모듬/모둠) 전 하나 추가요."
"자, (모듬/모둠)별로 앉아 봐."

이 단어는 무조건 외우는 방법밖에 없는데요, 정답은 '모둠'입니다.

헷갈릴 때는 기본형을 봐야 한다고 했죠? 무언가를 한 데 합치는 의미의 단어는 '모으다'입니다. 그런데 과거에는 '모드다', '모두다'라고 썼어요. 이 말에 명사를 만드는 접미사 'ㅁ'이 붙어서 '모듬', '모둠'으로 쓰인 거죠.

그러면 둘 다 맞는 것 아닐까요? 그렇지는 않습니다. 사실 엄밀히 말해서 '모듬', '모둠' 둘 다 틀린 표현입니다. 현대 국어에서 쓰는 '모으다'에 접미사를 붙여서 '모음'이라고 표현하는 것이 옳죠. 하지만 국립국어원은 현대의 표준어에서 '모둠'으로 시작하는 말이 많이 남아 있기 때문에 '모둠'을 표준어로 삼게 되었다고 설명하고 있습니다.

모둠꽃밭 / 모둠냄비 / 모둠발 / 모둠밥 / 모둠 앞무릎 치기

　국어사전에서 '모둠'을 찾아보면 '초·중등학교에서, 효율적인 학습을 위하여 학생들을 작은 규모로 묶은 모임'이라고 뜻풀이를 하고 있습니다. 그러니까 '모둠'을 개별적으로 쓸 때는 이런 의미를 갖는 거죠. 다만 이 '모둠'이 다른 단어와 결합할 때는 '여러 가지를 한 곳에 모은'이라는 의미를 갖게 됩니다.

모둠 전 / 모둠 회 / 모둠 김밥

'모둠'이 옳은 단어라는 사실은 그냥 외우기로 해요.

맨날 vs 매일

"난 늘 술이야. 맨날 술이야~ ♬"

주정뱅이들의 주제곡이죠. 여기서 '맨날'이 맞는 표현일까요? '매일'의 사투리가 아닐까 싶기도 한데요. 둘 다 표준어가 맞습니다.

'맨날'은 '매일같이 계속하여서'라는 뜻이고, '매일'은 '각각의 개별적인 나날'을 뜻합니다. '맨날'이라는 단어가 조금 더 연속성을 갖고 있어서 "넌 어떻게 맨날 실수하니?"라고 써서 매일같이 계속 실수를 한다는 의미를 담죠. '매일'은 "일기는 매일 써야 해."와 같이 개별적인 날마다 무언가를 해야 한다는 의미를 담을 수 있습니다.

사실 과거에는 '맨날'이 아니라 '만날'이 표준어였어요. 그러다가 2011년에 '맨날'도 표준어로 인정되었다고 합니다. 그러니까 '맨날', '만날', '매일'이 다 표준어인 거죠.

맞춤법은 정말 맨날 헷갈려.

옥에 티 vs 옥의 티

영화나 드라마 보면서 무언가 흠 잡을 게 있으면 "방금 (옥에 티/옥의 티) 봤어?"라고 말하죠. 정답은 '옥에 티'입니다.

'옥에 티'는 '반질반질하게 잘 다듬어 놓은 옥에도 작은 흠(=티)이 있기 마련'이라는 말을 바탕으로 해서 '훌륭한 사람이나 물건에 있는 사소한 단점'을 말할 때 쓰는 표현입니다. '옥에도 티가 있다'라는 속담을 줄여서 사용하다가 '옥에 티'가 되었어요.

사실 문법상으로는 '옥의 티'가 맞는 말이지만, 속담을 줄여서 쓴 관용적 표현이기 때문에 '옥에 티'가 표준어가 되었습니다.

별의별 vs 별에별

"살다 살다 (별의별/별에별) 인간을 다 보겠네!"

다툼이 일어나는 곳에서 자주 듣게 되는 말이죠? 그럴 때 드는 생각. 저 사람은 '별의별'이라고 한 걸까, '별에별'이라고 말한 걸까?

정답은 '별의별'입니다. '보통과 다른 갖가지의'라는 뜻이에요. 아무래도 발음이 [벼례별]이다 보니까, '별에별'로 표기하는 경우가 많은 것 같습니다.

그리고 '별의별'에서 '별別'은 '나누다', '다르다'라는 뜻의 한자라는 사실도 같이 기억해 둡시다.

쌀뜨물 vs 쌀뜬물

쌀을 씻을 때 생기는 우윳빛 물은 '쌀뜨물'일까요, '쌀뜬물'일까요? 정답은 '쌀뜨물'입니다.

'쌀을 뜨고 난 물'이어서 '쌀+뜬+물'이라고 생각할 수 있는데요, 놀랍게도 '쌀뜨물'은 '쌀'과 '뜨물'이 합쳐져서 만들어진 단어입니다.

'뜨물'은 '곡식을 씻어내 부옇게 된 물'이라는 뜻을 가진 단어예요. 그래서 '쌀을 씻고 나서 부옇게 된 물'은 '쌀뜨물'이 맞는 거죠.

'뜨물'이라는 단어를 안다면 '쌀뜨물'과 '쌀뜬물'을 헷갈릴 일은 없겠죠?

율 vs 률

타율 0.325 출루율 0.457

취업률, 출산율, 지분율, 환율, 백분율, 성공률, 확률, 비율, 증가율, 합격률…….

'율'과 '률' 모두 '비율'을 뜻합니다. 그런데 어떨 때는 '율'을 쓰고, 어떨 때는 '률'을 써요. 헷갈리지 않도록 확실히 짚고 넘어갑시다.

우선 예로 든 단어 중에 '율'이 붙은 단어들을 골라 볼까요?

출산+율 / 지분+율 / 환+율 / 백분+율

공통점이 보이나요? '율' 앞에 있는 단어의 마지막 받침이 모두 'ㄴ'으로 끝납니다. 그리고 제가 2개 빼먹은 거 눈치 채셨죠?

비+율 / 증가+율

'율' 앞에 있는 단어가 받침이 없는 경우에도 '율'이 붙습니다. 그러니까 받침이 없거나 받침이 'ㄴ'으로 끝날 때는 '율'이 붙는 거예요. 이 외의 단어들은 무조건 뒤에 '률'이 붙죠.

취업률, 확률, 합격률, 성공률

'율'이 붙는 2개의 조건만 기억한다면 헷갈리지 않겠죠?

이 책을 다 읽고 나면 우리말 정답률 100%가 될 것 같네요.

- 058 -
환골탈태 vs 환골탈퇴

가족방

> 나, 오늘부터 다이어트 돌입이야.
> 당분간 집에서 맛있는 음식 금물이야.

아빠
> 오늘 한우 꽃등심 먹을까 했는데,
> 엄마랑 둘이서만 먹어야겠네.

엄마
> 어쩔 수 없지, 뭐. 우리 딸 불쌍해서 어쩌누?

> 유혹하지 마!
> 꼭 성공해서 환골탈퇴할 거야.

아빠
> 어디를 탈퇴한다고? 갑자기 입맛이 뚝!

아빠
> 아휴, 우리 딸 어쩌누?

> 아, 왜?

삐뚤어질 테다!

우리는 항상 다짐합니다, 다이어트를……. 그리고 매번 생각하죠. '이번엔 꼭 (환골탈태/환골탈퇴)할 거야.'

'몸과 얼굴이 몰라볼 정도로 변함', '시나 문장이 새로워짐', '사람이 보다 나은 방향으로 달라짐'을 뜻하는 사자성어는 '환골탈태'가 맞습니다.

'환골'은 '바꿀 환換'과 '뼈 골骨'을 써서 '뼈를 바꾸다'라는 뜻이고, '탈태'는 '빼앗을 탈奪'과 태반과 탯줄을 뜻하는 '태胎'를 써서 '근본이 탈바꿈하다'라는 의미를 갖습니다. 그러니까 '환골탈태'는 뼈대와 근본을 바꿀 만큼 완전히 새로워졌다는 뜻입니다.

'환골탈태'를 잘못 쓴 '환골탈퇴'에서 '탈퇴'는 '관계하고 있는 조직이나 단체 따위에서 관계를 끊고 물러남'이라는 뜻입니다. 한마디로 잘못된 표현인 거죠.

'환골탈태'도 좋지만, 몸과 마음의 행복이 우선이죠. 다이어트는 항상 내일부터이니까, 오늘까지만 치킨 맛있게 먹는 걸로.

염두에 두다 vs 염두해 두다

엄마는 사윗감으로 승기를 (염두에/염두해) 두고 있어.

무엇이 맞는 표현일까요? '염두에 두다'가 정답입니다.

'염두'라는 단어만 정확히 알면 헷갈릴 일이 없는데요, '생각 염念'에 '머리 두頭'가 합쳐진 단어로, '생각의 시초', '마음속'이라는 뜻을 갖습니다. 이제 '염두'에 '생각의 시초'와 '마음속'이라는 말을 대치해서 넣어 볼까요.

생각의 시초에 두다 / 생각의 시초해 두다

마음속에 두다 / 마음속해 두다

'염두에 두다'가 맞는 말인 거, 딱 알겠죠?

"오늘 네가 한 실수는 염두에 둘 거야."라는 말은 '너의 실수'를 '마음속'에 품고 있겠다는 뜻인 거죠.

인마 vs 임마

대부분의 싸움이 이렇게 시작되죠?

"야 (인마/임마)! 너, 이리 와 봐."

시비 붙을 때 붙더라도 맞춤법부터 제대로 확인하고 가겠습니다.

옳은 표현은 '인마'입니다. '이놈아'를 줄여 쓴 말로, '이+ㄴ+ㅁ+아'가 '인마'가 된 겁니다.

친구에게 맞춤법 지적하면 꼭 돌아오는 대답이 "임마, 너나 잘해." 인데요, 여기에다 대고 "임마 아니고 인마거든."이라고 하면 바로 친구 잃는 거 아시죠? 맞춤법 지적할 때 하더라도 상황 봐 가면서 합시다.

도긴개긴 vs 도찐개찐

"끼리끼리 만난다더니, 얘나 걔나 도찐개찐이야."

정말 익숙한 표현이죠? 심지어 개그 프로그램의 코너 이름으로도 쓰였는데, '고만고만하다', '비슷하다'라는 의미로 많이 사용합니다.

하지만 '도찐개찐'은 틀린 말입니다. 맞는 말은 '도긴개긴'이에요. '윷놀이에서 도로 남의 말을 잡을 수 있는 거리나 개로 남의 말을 잡을 수 있는 거리는 별반 차이가 없음'을 뜻합니다. '긴'은 거리를 의미해요. 그래서 '큰 차이가 없다', '오십보백보'의 의미로 씁니다. '도토리 키 재기'처럼 별 차이도 없는데 서로 잘났다고 주장할 때 "둘 다 도긴개긴이야."라고 말할 수 있겠죠.

맞춤법 자주 틀리는 사람과 도긴개긴이 되지 않으려면 우리말 공부 열심히 합시다.

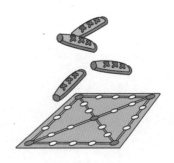

당최 vs 당췌

"당췌 네가 무슨 생각을 하는지 알다가도 모르겠다."

"엄마, 당췌가 아니고 당최."

"좀 맞자."

'당최'는 '도무지', '영'이라는 뜻을 갖고 있습니다. 그래서 "도무지 네가 무슨 생각을 하는지 모르겠다.", "영 마음에 들지 않아."라는 형태의 문장에 '당최'를 대신 쓸 수 있습니다.

'당최'와 '당췌'가 헷갈리는 이유는 발음 때문인데요, '당최'가 [당췌]로 발음되기도 하기 때문이죠. 하지만 '당췌'는 어디까지나 소릿값일 뿐 '당최'로 표기한다는 사실, 기억합시다!

- 063 -
메슥거리다 vs 미식거리다

썸녀

오늘 점심을 잘못 먹었나 봐요.

병원에라도 가세요.

회사에 눈치 보여서 자리 비우기가 그래요.
속이 미식거려도 참아야죠.

일분 씨 맞춤법 틀릴 때마다
제 속이 메슥거려요.

아, '메슥거려도'이군요.
이렇게 하나씩 배울게요. ㅎㅎ

얼른 약이라도 챙겨 드세요.

우리 씨, 신경 써 주셔서 감사해요.

미식거리다(×)
메슥거리다(○)

Aa

밥 잘 먹어 놓고 속이 안 좋으면 참 기분이 언짢아요. 하지만 속이 아무리 안 좋아도 표현은 정확하게 해야겠죠?

'먹은 것이 되넘어 올 것같이 속이 자꾸 심하게 울렁거리다'라는 뜻을 가진 정확한 단어는 '메슥거리다'입니다. '미식거리다'는 표준어가 아니라 사투리예요. 비슷한 표현인 '미승거리다', '미싱거리다', '미싱기리다', '미슥거리다', '미식기리다' 등도 모두 사투리로, 표준어는 '메슥거리다'입니다.

같은 뜻을 가져서 대체할 수 있는 단어로는 '매스껍다'와 '메스껍다'가 있는데요, '매'와 '메'의 차이가 있어서 둘 중 하나는 틀린 표기 같지만, 둘 다 표준어이기 때문에 사용해도 됩니다. 다만 '매스껍다'와 '메스껍다'는 '메슥거리다'와 달리 '태도나 행동 따위가 비위에 거슬리게 아니꼽다'라는 뜻도 가지고 있어요. "하는 짓이 메스꺼워 죽겠네."라고 쓸 수 있겠죠.

- "어제 술을 많이 먹어서 속이 메슥거려."
- "맨날 술 처먹는 네 꼴이 메스꺼워!"
- "잔소리 심한 네가 더 매스껍다!"

– 064 –
대갚음 vs 되갚음

내가 당한 이 치욕은 반드시 (대갚아/되갚아) 주겠다!

드라마나 영화에서 자주 나오는 대사죠? 그런데 '대갚아', '되갚아' 둘 다 틀린 말입니다. 잉! 그럼 여태껏 우리가 뭘 쓴 뭐지?

맞는 말은 '대갚음'입니다. '대갚음'은 '남에게 입은 은혜나 남에게 당한 원한을 잊지 않고 그대로 갚음'이라는 뜻을 가진 명사입니다. 대부분의 단어에 기본형인 동사가 있기 마련이어서 '대갚다'라는 단어가 있을 것 같지만, '대갚다'라는 말은 아예 없습니다. 때문에 서술형으로 쓰기 위해서는 '대갚음을 하다'라는 형태로 반드시 '하다'를 붙여야만 맞는 말이 됩니다.

그러면 '되갚다'나 '되갚음'은 뭘까요? 이 두 말은 존재하지 않는 말입니다.

'되-'는 '다시'라는 뜻인데, '갚다'가 '남에게 빌리거나 꾼 것을 도로 돌려주다'라는 뜻이므로 '되갚다'라고 하면 '다시', '도로'라는 의미가 중복됩니다. 그래서 애초에 '되갚다', '되갚음'이라는 말은 성립될 수 없습니다.

앞에서 '대물림'이라는 단어를 알아보았습니다. '대물림'의 '대代'는 '대대손손'이라고 할 때의 '세대'를 뜻하는 말이었던 것 기억하죠? 하

지만 '대갚음', '대답하다', '대면하다'의 '대對'는 '마주해서 돌려주다'
라는 의미를 갖습니다.

자, 마지막으로 정리하겠습니다.

대갚음 / 대갚음을 하다 (○)

되갚음 / 되갚다 / 되갚음을 하다 / 대갚다 (×)

대갚음을 하는 건 좋을 일에만 하기로 합시다.

- 065 -
졸리다 vs 졸립다

시험 기간이나 야근할 때 입에 달고 사는 말이 있죠.

"아, 미치겠다. 너무 졸립다."

맞춤법 틀린 사람은 편히 잘 수 없습니다. 일어나세요.

'졸립다'는 '졸리다'의 잘못된 표현입니다. 일상에서 습관처럼 '졸립다'라고 많이들 쓰지만, "나 너무 졸리다.", "졸려서 죽겠다."와 같이 사용하는 게 맞아요.

물론 '졸리다'의 높임 표현은 '졸립니다'입니다.

선생님, 너무 졸립니다. 조금만 자겠습니다.

운전할 때 졸리면 쉼터에서 잠시 눈 붙이고 갑시다.

- 066 -
되레 vs 되려 / 외레 vs 외려

"뭘 잘했다고 (되레/되려) 큰 소리야?"

"뭐? 그건 (외레/외려) 내가 할 소리야!"

자자, 그만 싸우시고 맞춤법부터 알아봅시다.

정답은 '되레'와 '외려'입니다. 시작하기도 전에 벌써 헷갈리죠? 우선 기본형부터 알아봅시다.

'되레'의 기본형은 '도리어'입니다. 응? '도리어'를 줄이면 '도려'나 '되려'가 맞을 것 같은데, 왜 '되레'가 맞는지 의아하죠? 다른 이유는 없습니다. 사람들이 과거부터 '되려'보다는 '되레'를 많이 써서 '되레'가 표준어가 되었습니다.

'외려'의 기본형은 '오히려'입니다. 이건 '되레'와 달리 발음 그대로 '외려'가 맞습니다.

'되레'와 '외려' 이 두 개만 기억해 둡시다.

재떨이 vs 재털이

공공장소에서의 금연이 생활화되면서 요즘에 보기 힘들어진 물건이 바로 '재떨이'입니다. 그런데 어떤 사람은 '재털이'라고도 하는데, 옳은 표현은 '재떨이'입니다.

재를 털어 내면 '재털이'이고, 떨어내면 '재떨이'일 것 같은데, 과연 재는 털어 내는 걸까요, 떨어내는 걸까요? '털다'와 '떨다'의 차이를 알아봅시다.

'털다'는 어떤 대상을 '흔들거나 치는 데' 초점이 맞추어져 있는 반면 '떨다'는 어떤 대상에 붙어 있는 것을 '쳐서 떼어 내는 데' 의미의 초점이 맞추어져 있습니다. 재는 담배에 붙어 있는 것이니까 톡톡 쳐서 떼어 내기 때문에 '떨어내는' 것이고, 그래서 '재떨이'가 맞는 말입니다.

'먼지떨이'도 어딘가에 붙어 있는 먼지를 쳐서 떼어 내는 것이기 때문에 '먼지털이'가 아니라 '먼지떨이'인 거죠.

우리, 재떨이 쓸 일 없게 담배는 아예 피우지 않도록 합시다.

검정색 vs 검은색

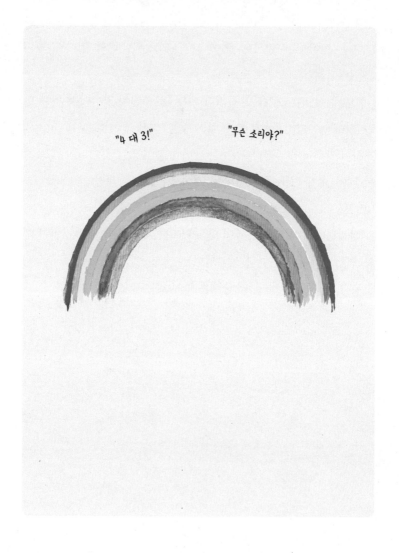

맞춤법 좀 안다고 하는 분들도 많이 틀리고 있을 색깔 맞춤법!

나는 옷장에 검정색 옷밖에 없어.

'검정색'은 틀린 표현입니다. '노랑색', '파랑색', '빨강색'도 다 틀린 말입니다. 왜냐고요? 지금 '검은색색', '노란색색', '파란색색', '빨간색색'이라고 말한 셈이거든요.

검정=검은색 / 노랑=노란색 / 파랑=파란색 / 빨강=빨간색

색깔을 표현하는 단어가 순우리말이고 'ㅇ'으로 끝나면, 그 자체에 '색'이라는 뜻이 포함되는 거죠. 이렇게 색깔을 나타내는 말 중에 '검다', '노랗다', '파랗다', '빨갛다'처럼 형용사로 쓸 수 있는 단어 뒤에 '색'을 붙일 때는 '색'을 꾸며 줄 수 있도록 '-ㄴ' 형태로 바뀝니다.

검은색 / 노란색 / 파란색 / 빨간색

다만 형용사로 쓸 수 없고 '-ㄴ'으로 끝나지 않는 색깔들인 '초록', '보라', '주황'과 같은 단어들은 이 단어 자체만으로 사용해도 되고 뒤에 '색'을 붙여도 상관없답니다.

초록, 초록색 (ㅇ) / 보라, 보라색 (ㅇ) / 주황, 주황색 (ㅇ)

무지개가 "4 대 3!"이라고 말하는 건 '색'을 붙일 수 있는 단어와 붙일 수 없는 단어를 나눈 거랍니다.

빨강 / 노랑 / 파랑

주황색 / 초록색 / 남색 / 보라색

잠궜다 vs 잠갔다 / 담궜다 vs 담갔다

아래의 두 문장에서 괄호 속의 어떤 말이 옳은지 맞춰 보세요.

너 나올 때 문 제대로 (잠궜어/잠갔어)?
지난주에 우리 집 김치 (담궜어/담갔어).

두 문장에서 '잠갔어'와 '담갔어'가 정답입니다. 이 단어들의 기본
형은 '잠그다'와 '담그다'인데, 뒤에 어미 '었/았'이 붙으면서 'ㅡ'가 탈
락한 거죠.

어려운 것 같지만, 사실 우리는 이런 규칙을 가진 단어를 평소에
많이 사용하고 있어요. '쓰다'를 '썼다'로, '기쁘다'를 '기뻤다'로 당연
하게들 쓰고 있잖아요. 그런데 이렇게 '었다'를 붙이는 말이 많기 때
문에 '잠그다'와 '담그다' 뒤에도 '었다'가 와야 할 것 같아서 잘못 사
용하는 경우가 많습니다.

우리나라 단어는 앞글자의 모음을 뒷글자의 모음이 따라가는 경향
이 있습니다. '담', '잠' 둘 다 'ㅏ'를 쓰니까 '담가', '잠가'가 되는 거예
요. 이해하기 어렵다면, 당장은 그냥 '잠갔다', '담갔다' 두 개만 확실
히 외우는 것으로!

해코지 vs 해꼬지

이러다가 괜히 (해코지/해꼬지) 당하는 거 아냐?

　보복이 두렵거나 보복하고 싶을 때 쓰는 단어죠? '해코지'와 '해꼬지' 가운데 정답은 '해코지'입니다. '해코지'보다 '해꼬지'를 발음하는 게 입에 잘 붙어서 '해꼬지'라고 하는 분들이 많은 것 같아요.

　'남을 해치고자 하는 짓'이란 뜻을 가진 '해코지'의 '해'는 '해할 해害'라는 한자입니다. 여기에 '코지'라는 순우리말이 붙은 것인데, '코지'의 어원이나 유래는 알 수가 없습니다. 이런 경우에는 그럴듯하게 다른 말과 연계해서 외우는 게 가장 편한데요, 누군가에게 겁을 줄 때 '꽉'이 아니라 '콱'이라고 하니까, '해코지'라고 외웁시다.

- 071 -
해님 vs 햇님

어릴 때 동화책에서 자주 보던 단어인데요, '해님'과 '햇님' 중에 어떤 게 맞을까요?

'해님'이 맞습니다. 발음이 어색하죠? 그래서 많은 분이 햇님[핸님]이라고 말하나 봐요.

이 단어에서는 사이시옷 현상이 일어나지 않습니다. 문법적으로 설명하기 전에 평소에 우리가 쓰는 단어만 봐도 쉽게 알 수 있어요. 아버님, 어머님, 교수님을 아벗님, 어멋님, 교숫님이라고 말하지는 않잖아요?

어떤 단어 뒤에 '님'이 붙을 때는 앞 단어에 'ㅅ'을 붙이지 않습니다. 그래서 '해+님'은 '해님'인 거죠. 또 임금을 뜻하는 '나라님'도 흔히들 '나랏님'이라고 잘못 쓰는 경우가 있는데, '나라님'이 표준어입니다.

칠흑 vs 칠흙

"눈 감아 봐. 뭐가 보여?"

"아무것도 안 보이지."

"그래, 그게 (칠흑/칠흙)같이 어두운 네 미래야."

친구들끼리 이런 장난 더러 하죠? 하지만 '칠흙'이 아니라 '칠흑'이 맞습니다. '흙'빛처럼 어두운 느낌이 들기도 하고 '찰흙'이라는 단어도 있어서 헷갈리는 것 같아요.

'칠흑'은 '옷 칠漆'에 '검을 흑黑'을 써서 '옻칠처럼 검고 광택이 있음. 또는 그런 빛깔'이라는 뜻을 갖습니다. 어두운 빛깔의 '흙'이 아니라, 아예 검은색인 '흑'인 거죠.

장난을 치더라도 맞춤법은 알고 칩시다.

엔간히 vs 앵간히

"정말 (엔간히/앵간히) 좀 해라."

이런 말 많이 쓰시죠? 비슷한 표현으로 '엥간히', '웬간히' 등이 있습니다. 이 가운데 옳은 표현은 '엔간히'입니다.

'엔간히'는 '어연간히'의 준말입니다. 하지만 '어연간히'와 '어연간하다'라는 표현은 일상에서 거의 쓰지 않기 때문에 '엔간히'에 대해서만 알아보겠습니다.

'엔간히'의 기본형은 '엔간하다'이고, '대중으로 보아 정도가 표준에 꽤 가깝다'라는 뜻이에요. "오, 엔간한데?"라고 하면 "오, 대충 괜찮은데?"라는 뜻이고, "엔간히 해라."는 "적당히 좀 해라."라는 뜻이 되겠죠.

'엔간히'와 '엔간하다' 외에 비슷하게 생긴 표현들은 모두 방언이거나 틀린 표기입니다.

예의가 발라 vs 예의가 바라

친구

성철이는 어떤 애야?

다른 건 몰라도 예의는 참 바른 친구야.

그렇게 예의가 바라?

응, 그런데 예의만 발라. 다른 건 좀 그래.

헷갈리는 친구네.

나는 네 맞춤법이 더 헷갈린다.

???

아버님 어머님, 먼저 주무십시오.
소자는 친구들과 밤새 클럽에서 놀다가
아침 일찍 들어오겠습니다.

"저 친구 참 예의가 발라."

이런 말 들으면 순간 멈칫하게 되지 않나요? 발라? 뭘 발라? 하지만 "예의가 발라."는 맞는 표현입니다. 이렇게 헷갈릴 때는 뭐? 기본형!

'말이나 행동 따위가 사회적인 규범이나 사리에 어긋나지 아니하고 들어맞다'는 뜻의 동사는 '바르다'입니다. 여기에 '아/아서'가 붙으면 아래와 같이 활용됩니다.

바르다+아 → 바르아 → 발라

바르다+아서 → 바르아서 → 발라서

여기서는 불규칙하게 활용이 일어나면서 기본형이 변형되었습니다. 하지만 '바르다' 뒤에 '아/아서'가 아닌 다른 게 붙을 때는 기본형이 그대로 유지됩니다.

바르다+네 → 바르네

바르다+은 → 바른

바르다+고 → 바르고

이렇게 외웁시다.

"저 친구 예의 참 바르네. 아주 발라."

- 075 -
안절부절못하다 vs 안절부절하다

왜 그렇게 뭐 마려운 강아지마냥 안절부절(못하냐/하냐)?

두둥!! 쓸 때마다 '어, 뭐였지?'라는 의심이 들게 만드는, 헷갈리는 맞춤법의 최강자 등장!

맞는 표현은 '안절부절못하다'입니다. 그런데 하나하나 뜯어보면 뭔가 수긍이 잘 안 되는 말이기는 해요.

'안절부절'의 뜻은 '마음이 초조하고 불안하여 어찌할 바를 모르는 모양'입니다. 자, 그럼 여기서 "뭐야? 그럼 '안절부절하다'가 맞는 거 아니야?"라고 말한다면…… 당신은 삐빅~ 정상입니다. '안절부절' 자체에 '불안함'이 내포되어 있으니까 의미상으로는 '안절부절하다'가 맞는 것이지요.

그런데 말입니다~.

표준어 사정 원칙에 보면, '의미가 똑같은 형태가 몇 가지 있을 경우 그중 어느 하나가 압도적으로 널리 쓰이면 그 단어만을 표준어로 삼는다'는 규정이 있습니다. 이게 무슨 말인가 하면, 사람들이 '불안하고 초조하다'는 의미로 '안절부절하다'와 '안절부절못하다'를 둘 다 사용했는데, 이 둘 중에 '안절부절못하다'라는 표현이 더욱 널리 쓰여서 '안절부절못하다'를 표준어로 채택했다는 뜻입니다.

또 다른 의견으로는 우리말 중에 부정어와 부정어가 합쳐져서 뜻을 강조하는 경우가 있는데, '안절부절못하다'도 여기에 속한다고 보는 견해가 있습니다. 비슷한 예로 '엉터리없다'라는 단어가 있습니다. '엉터리' 자체가 '터무니없는 생각이나 행동'을 뜻하는데, '엉터리'와 '없다'가 합쳐져서 '정도나 내용이 전혀 이치에 맞지 않다'는 뜻이 되었거든요.

앞으로는 '안절부절'과 마주친다면 속에 탈이 난 것처럼 끙끙대지 말고 그냥 '못하다'랑 세트라고 생각하시고 시원하게 싸세요.

'안절부절' 나왔다고 안절부절못할 이유가 없지.

이십여 개 vs 스무여 개

대체로 '1개, 2개, 3개⋯⋯ 10개, 20개, 30개'는 '한 개, 두 개, 세 개⋯ 열 개, 스무 개, 서른 개'로 읽습니다. 그렇다면 "티켓이 아직 20여 장 남았습니다."에서 '−여 장' 앞의 '20'은 어떻게 읽어야 할까요?

여기서 '여'는 수량을 나타내는 말 뒤에 '그 수를 넘음'이라는 의미로 쓰이는 접사입니다. "대충 10여 개 정도 된다."라고 하면 "대충 10개 조금 넘거나 그쯤 된다."라는 의미입니다. 그리고 이때 '열여 개'라고 읽지 않고 '십여 개'라고 읽어야 합니다.

십여 개 / 이십여 개 / 삼십여 개

- 077 -
문외한 vs 무뇌한

'문외한'과 '무뇌한' 중에 무엇이 맞을까요? 의외로 '무뇌한'이라고 쓰는 분이 많은데 옳은 표현은 '문외한'입니다. '무뇌한'의 '무뇌'를 '뇌가 없다'라는 뜻으로 생각해서 착각하는 경우가 많은 것 같아요.

'문외한'은 '문 문門', '바깥 외外' 그리고 '사람'을 뜻하는 접사 '한漢'을 써서 '문 밖에 있는 사람', '어떤 일에 관계가 없는 사람', '어떤 일에 전문적 지식이나 조예가 없는 사람'을 뜻합니다. 그래서 "나는 완전 문외한이야."라고 말하면, "나는 이 일에 대해 관계도 없고 아는 것도 없는 사람이야."라는 뜻이겠죠.

'문외한'을 '무뇌한'으로 잘못 써서 '무뇌'한 사람 취급 받지 맙시다.

냉혈한 vs 냉혈하다

야, 나 심심해 죽겠다. 잠깐 나와라.

공부할 게 많아서 안 돼.

친구가 이렇게 애원하는데, 너 진짜 냉혈하다.

쯧쯧, 이 맞춤법에 문외한인 친구야,
'냉혈하다'라는 단어는 없다.

왜? '냉혈한'이라는 말은 있잖아.
이 냉혈한 녀석아.

갈수록 태산이네.
《1분 우리말》이라는 책이나 사라.

전에 샀어. 아직 읽지를 않아서 그렇지.

쟤 닮은 할아버지 어디서 본 것 같은데...

Aa

두고 보자! 우리말 고수가 될 테다!

"내가 이렇게 애원하는데, 넌 진짜 냉혈한 놈이야."

"미안하지만, 네 맞춤법 때문에 더 이상은 못 사귀겠어."

'냉혈한'이라는 단어에 '냉혈하다'라는 형용사가 있을 것 같지 않나요? '잔인한', '냉혈한' 뭐 이런 느낌. 하지만 전혀 아닙니다. '냉혈하다'라는 형용사는 아예 없습니다. 그저 '냉혈한'이라는 명사만 있을 뿐이죠.

앞에서 '문외한'을 알아보면서 '-한漢'에 대해서 공부했습니다. '-한'은 어떤 단어 뒤에 붙어서 '그와 관련된 사람'을 뜻하는 접미사입니다. '냉혈한'의 '한'도 같은 의미입니다. '냉혈한'은 '인정이 없고 냉혹한 사람'을 뜻해요. 그러니까 '냉혈한 사람'이라고 표현하면 '인정이 없고 냉혹한 사람인 사람'이라는 뜻으로 '사람'이 중복되죠.

그리고 원래 '냉혈한'이라는 단어는 '남자'에게만 사용할 수 있는 단어인데요, 같은 의미로 여자를 지칭하는 단어가 따로 없기 때문에 지금은 남녀 구분 없이 사용하고 있습니다.

"넌 진짜 냉혈한이야."라는 표현이 맞으니까, 앞으로 유식하게 사용해 봅시다.

패륜아 vs 폐륜아

뉴스를 보다 보면 정말 피가 거꾸로 치솟게 만드는 일을 자주 접하게 됩니다.

"세상에, 저런 (패륜아/폐륜아)가 세상에 있다니!"
"그러게 말이야. 정말 말세야, 말세."

옳은 표현은 '패륜아'입니다. 단어를 구성하는 한자의 의미를 알면 외우기가 쉬울 거예요.

'패륜아'는 '어긋날 패悖'와 '윤리 윤倫', '아이 아兒'를 써서 '윤리를 거스르는 아이'라는 뜻이 되고, 사전을 찾아보면 '인간으로서 마땅히 하여야 할 도리에 어그러지는 행동을 하는 사람'이라고 뜻풀이를 하고 있습니다.

'어긋날 패悖'를 쓰는 다른 단어로는 행패, 패악, 음담패설 등이 있으니까, 어떤 느낌인지 대충 감이 오죠?

그렇다고 '폐륜'이라는 단어가 없는 것은 아닙니다. '폐륜'은 '닫을 폐閉'와 '윤리 윤倫'으로 구성되어 있는 말인데, '시집가거나 장가드는 일을 하지 않거나 못함' 또는 '부부간에 성생활을 하지 않음'이라는 뜻을 갖고 있습니다.

과거에는 시집가고 장가드는 것을 인간의 마땅한 도리라고 여겼고, 부부관계를 잘하는 것 또한 반드시 지켜야 할 사항이라고 여겼어요. 그래서 이 두 가지를 지키지 않으면 윤리를 저버린다는 손가락을 당했고, 이때 '폐륜'이라는 말을 썼던 거예요.

　하지만 '폐륜'에 '아이 아兒'를 붙여서 '폐륜아'라고 표현하지는 않습니다. 그러니 '패륜아'라고는 써도 '폐륜아'라는 말은 쓰지 않아요. 만약 결혼하지 않은 사람이 "전 결혼도 하지 못한 폐륜아입니다."라고 말한다면 뜻은 통할 거예요. 하지만 우리가 일상에서 도덕적이지 못한 행위를 한 사람을 가리킬 때는 '패륜아'라는 말이 더 적절하다는 것!

　우리가 살아가면서 스스로를 '패륜아'라고 말하는 일은 생기지 않도록 합시다.

칠칠맞지 못하다 vs 칠칠맞다

'칠칠맞다', '칠칠맞지 못하다' 중에 무엇이 옳을까요? 왠지 '안절부절못하다'의 혼란스러움이 떠오르지는 않는가요? 하지만 '칠칠맞다'는 '안절부절'과는 달리 상식적인 선에서 납득할 수 있는 맞춤법입니다. 예문을 볼까요?

내가 (칠칠맞아/칠칠맞지 못해)서 약속을 자꾸 까먹어.

일단 위 문장의 정답은 '칠칠맞지 못해서'입니다. '칠칠맞다'의 기본형은 '칠칠하다'로, '①나무, 풀, 머리털 따위가 잘 자라서 알차고 길다', '②주접이 들지 아니하고 깨끗하고 단정하다', '③성질이나 일 처리가 반듯하고 야무지다'라는 뜻을 갖습니다. 단, ②와 ③은 주로 '못하다', '않다'가 뒤에 붙어서 부정적인 표현을 할 때 쓰입니다.

숲의 나무가 칠칠하고 무성하다. (①)
옷차림이 칠칠하지 못한 게 영 마음에 들지 않는다. (②)
그는 매사에 칠칠하지 못해서 물건을 잘 잃어버린다. (③)

'칠칠맞다'는 '칠칠하다'의 속된 표현인데, 대체로 '칠칠맞지 못하다'라는 형태로 부정적인 표현을 할 때 씁니다. 평소에 덤벙거리고 조심성이 없는 사람을 이를 때 쓰죠.

왜 그렇게 칠칠맞지 못하니?

그 직원은 칠칠치 못해서 실수를 자주 해.

'안절부절'과 '칠칠맞다'는 주로 '못하다'와 같이 쓰여서 부정적인 표현이 된다는 점, 기억해 두세요.

맞춤법 제대로 써서 칠칠한 사람이 될 거야.

덤터기 vs 덤탱이

나한테 덤탱이 씌우지 마!

아주 익숙한 표현이죠? 하지만 '덤탱이'의 올바른 표현은 '덤터기'입니다.

'덤터기'는 '남에게 넘겨씌우거나 남에게서 넘겨받은 허물이나 걱정거리' 또는 '억울한 누명이나 오명'을 뜻하는 말입니다. "빚보증을 잘못 서서 덤터기를 써야 할 판이다.", "애매한 사람한테 덤터기 씌우지 마."라고 쓸 수 있죠.

그러면 '덤탱이'는 어디서 나온 말일까요? '덤터기'의 전라도 방언이라고 합니다. '덤탱이'라는 말이 정겨워서 입에 착 달라붙지 않나요? 하지만 표준어는 '덤터기'라는 사실, 잊지 마세요.

다르다 vs 틀리다

"우린 어쩔 수 없어. 너랑 나랑은 틀려."

"틀리긴 뭐가 틀려? 네 맞춤법이 틀린 거지."

'다르다'와 '틀리다'는 엄연히 의미가 다른 말인데도 혼용해서 쓰는 분이 참 많습니다. '틀리다'는 '셈이나 사실 따위가 그르게 되거나 어긋나다'라는 뜻이고, '다르다'는 '비교가 되는 두 대상이 서로 같지 아니하다'라는 뜻입니다. 그런데 우리는 너무나 쉽게 "이것과 저것은 달라."라고 말하지 않고, "이것과 저것은 틀려."라고 말하고는 해요.

예를 들어 친구가 푼 문제의 답과 나의 답이 같지 않다면 "너랑 내답이 달라."라고 말해요. 나중에 정답을 확인해 보니 친구의 답이 정답이 아니라면 "네 답이 틀렸어."라고 말할 수 있는 거죠.

반대말을 보면 더 확실히 알 수 있는데요, '틀리다'의 반대말은 '맞다'이고, '다르다'의 반대말은 '같다'입니다. 친구가 '다르다'를 '틀리다'로 쓰면 꼭 틀렸다고 말해 줍시다.

헷갈리는 띄어쓰기 족집게 레슨

우리나라 사람이 가장 많이 틀리는 띄어쓰기에 대해서 알아봅시다.

1. 천 원 vs 천원

'원'은 우리나라의 화폐 단위이자, 의존명사입니다. 의존명사는 앞 단어에 띄어서 써야 해요. 하지만 우리나라 사람이라고 해서 어떻게 단어의 품사를 일일이 알겠어요? 그냥 화폐 단위 원 앞의 단어는 무조건 띄워서 쓴다고 생각하세요.

오백 원 / 천 원

500원 / 1,000원

단, 단위를 세는 의존 명사 앞에 아라비아 숫자가 올 때는 붙여서 쓰는 것이 원칙입니다.

2. 했을 거야 vs 했을거야

이거 많이 헷갈리시죠? '거야'는 '것이야'의 준말이고, '것'은 의존명사이기 때문에 앞 단어와 띄워 써야 합니다.

난 집에 갈 거야. / 그건 네 거고, 이건 내 거야.

이쯤에서 '그것'에서 '것'은 왜 '그'와 붙여 썼냐고 묻는 분이 있을 것 같은데요, '그것', '이것', '저것'은 그 자체로 대명사이기 때문에 '것'과는 상관이 없습니다.

3. ~수밖에 / 밖에

"그럴 (수밖에/수 밖에) 없어."라고 쓸 때 어느 게 옳은지 헷갈릴 때가 많은데요. 일단 정답을 알려 드리자면, "그럴 수밖에 없어."입니다. 이때의 '밖에'는 '그것 말고는', '피할 수 없는'이라는 의미를 가진 조사입니다. 조사는 체언(명사, 대명사, 수사)에 붙여서 써야 합니다.

나는 너밖에 없어. / 걔는 공부밖에 모르는 애야. / 내가 나설 수밖에 없지.

'밖에'는 '그럴 수밖에'와 같이 '~ㄹ 수밖에'라는 형태로 자주 쓰는데요, 이때의 '수'는 '어떤 일을 할 만한 능력이나 어떤 일이 일어날 가능성'을 뜻하는 의존명사입니다.
　물론 '바깥'이나 '일정한 범위 이상'을 의미하는 '밖'은 조사가 아니라 명사이기 때문에 앞 단어와 띄어서 써야 합니다.

밖에 나가 놀아라.
동네 밖은 위험하니까, 멀리 가지 마라.

이번에 코로나에 걸린 사람은 너 밖에도 많아.

한꺼번에 너무 많이 공부해서 머리 아프다면, '~ㄹ 수밖에'는 무조건 붙여 쓰는 것으로 외우기로 해요.

4. 뿐

'뿐'은 명사로 쓰일 때가 있고, 조사로 쓰일 때도 있습니다.

난 오직 너뿐이야. / 믿을 것이라고는 오로지 실력뿐이다.

위 예문의 '뿐'은 '그것 외에 더는 없음'이나 '오직 그렇게 하거나 그러하다는 것'을 의미하는 조사입니다. 조사는 앞 단어와 붙여 쓰는 것이 원칙이지요. 그럼 다음 예문을 볼까요?

구경만 할 뿐 죄다 손을 놓고 있었다.
칼만 안 들었다 뿐이지 강도나 다름없더라.

위 예문의 '뿐'은 의존명사인데요, '~ㄹ 뿐'이라는 형태로 쓰여서 '다만 어떠하거나 어찌할 따름'이라는 의미를 갖거나 '~다 뿐이지' 형태로 쓰여서 '오직 그렇게 하거나 그러하다는 것'의 의미를 갖습니다.
조사일 때는 앞 단어와 붙여 쓰고, 의존명사일 때는 앞 단어와 띄어서 쓴다는 점 잊지 마세요.

3장

잘못 쓰면
뜻이 달라지는
단어들

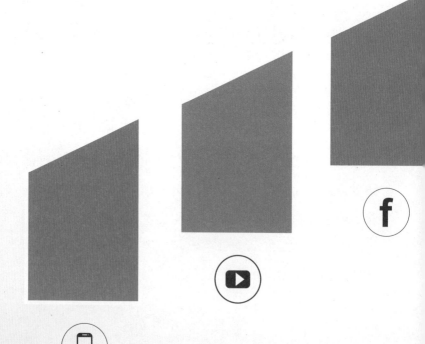

084

~로서 vs ~로써

'~로서'와 '~로써'는 한 획 차이로 의미가 달라져서 참 헷갈리죠. 헷갈릴 때는 '써방서자', '써시서곳' 이 두 개만 기억해 주세요.

먼저 써방서자.

'~로**써**'는 수단과 **방**법을 나타낼 때 사용하고, '로**서**'는 지위나 신분 등 **자**격을 나타낼 때 사용합니다. 예를 들어 볼까요.

토마스는 기차로써 고향으로 떠난다.

토마스라는 사람이 기차라는 교통수단을 이용해서 고향으로 간다는 뜻입니다. 그럼 다음 문장을 볼까요?

토마스는 기차로서 선로 위를 달린다.

토마스가 기차인 자격으로 선로 위를 달린다는 말입니다. 즉, 토마스가 기차라는 뜻이죠.

간단히 정리해서 'A는 B로서'는 A와 B가 같다고 생각하시면 됩니다. "내 친구는 간호사로서 일하느라 바쁘다.", "너는 학생으로서 공부를 해야 한다."에서 '내 친구=간호사'이고, '너=학생'인 거죠.

다음은 써시서곳.

'~로**써**'에는 어떤 일의 기준이 되는 **시**간을 나타내는 뜻이 있어요. '드디어 오늘로써 시험이 끝났다.'고 사용할 수 있죠. 그리고 '~로

서'에는 어떤 동작이 일어나거나 시작되는 '**곳**'을 나타내기도 합니다. "이 문제는 너로서 시작되었다."고 쓸 수 있죠.

마지막 확인 퀴즈! "나는 〈1분 우리말〉 팬으로(서/써) 응원합니다." 라는 문장에서는 무엇이 맞을까요?

· 너의 잘못을 보고도 지나친다면 나는 선배로서 자격이 없는 거야. 그러니 따끔한 훈계 로써 너를 가르치겠다.
· 너를 용서함으로써 나는 온전한 복수를 하는 거야.
· 결혼한 지 오늘로써 20년이 되었다.

085

오로지 vs 오롯이

'오로지'와 '오롯이' 둘 중 하나는 잘못된 표현인 것 같죠? 하지만 둘 다 저마다의 뜻이 있는 부사입니다. 오로지는 '오직 한 방향으로', 오 롯이는 '모자람 없이 온전하게'라는 뜻입니다. 그래도 헷갈린다면, 오 로지는 '오직'을, 오롯이는 '온전하게'를 대신 써 보면 됩니다.

나는 (오로지/오롯이) 과학자의 길을 가겠어.

이 문장에서 답은 '오로지'입니다. "나는 오직 과학자의 길을 가겠 어."가 더 자연스럽죠?

이 편지에 나의 사랑을 (오로지/오롯이) 담았어.

여기서는 '오롯이'가 답입니다. 편지에 마음이 온전하게 담겨 있 는 거니까요.

- 086 -
부기 vs 붓기

친구

> 야, 너 얼굴이 왜 그리 탱탱 부었냐?

어제 라면 먹고 잤더니, 부기가 안 빠져.

> 라면? 너 어제 수정이 데려다 준다고
> 같이 가지 않았어?

그랬지, 흐흐.

> 라면 먹고 갈래, 그거?

흐흐흐.

> 네 얼굴의 붓기는 썸의 흔적이구나!

굶주려 보여서 한 끼 챙겨 준 거니까, 먹고 꺼져!

정말로 라면만 먹었지, ㅠ.ㅠ

Aa

얼굴의 '붓기'와 '부기' 중 어떤 게 맞는 표현일까요?

"얼굴에 붓기가 있다."는 표현을 누구나 한 번쯤은 써 보셨을 텐데요. 그런데 '붓기'라는 표현은 틀린 것입니다. 정확히 말하면 틀렸다기보다는 다른 의미가 있는 거죠.

"물을 붓다."라고 할 때 쓰는 '붓다'의 명사형이 '붓기'입니다. 그렇다고 '얼굴에 붓기'라는 말을 듣고 친구 얼굴에 막 물을 붓지는 않겠죠?

얼굴이 부은 상태를 정확하게 표현하는 단어는 '부기'입니다. 부기는 '부종으로 인하여 부은 상태'를 뜻하죠.

평소 '부기'를 [부끼]로 잘못 발음하다 보니, 당연히 '붓기'가 맞다고 생각하는데요, 발음 자체도 [부기]가 맞고, 단어도 '부기'가 맞습니다!

단어도 발음도 어색하겠지만 계속 쓰다 보면 익숙해질 거예요.

· 출산한 뒤로 몸의 부기가 안 빠져서 걱정이에요.

· 부기가 좀 가라앉았으니, 곧 괜찮아질 거야.

· 삽 갔다 왔으니까, 아무리 벌칙이라도 머리에 물 붓기는 없다.

이따가 vs 있다가

"조금 (이따가/있다가) 보자!"

무엇이 옳은 표현일까요?

평소에 친구끼리 자주 사용하는 단어인 만큼 자주 틀리는 단어이기도 하죠. 발음이 똑같아서 더 헷갈리는 것 같습니다.

'나중에 보자'라는 의미로 쓸 때는 '이따가'가 맞습니다. '이따가'가 '조금 지난 뒤에'라는 뜻을 가진 단어로 '조금 지난 뒤에 보자'의 의미인 '이따가 보자'가 맞는 거죠.

그러면 '있다가'는 어떨 때 쓰면 될까요?

'있다가'는 '있다'의 '있'에 '다가'가 붙어 만들어진 말로, '장소'와 같이 사용하면 됩니다. 예를 들어 "집에 있다가 잠이 들었다." "학교에 있다가 학원에 갔어." 등으로 쓸 수 있습니다.

> · 학원에 있다가 갈 거니까, 이따가 만나.

던 vs 든

'던'과 '든'은 모음 하나 차이로 뜻이 완전히 달라지는 중요한 맞춤법입니다. 자, 암기법 들어갑니다. '던'은 과거, '든'은 선택!

너, 나랑 같이 갔던 놀이공원, 기억 나? 그때 얼마나 좋았던지, 아직도 그리워. (과거)

넌 이제 내가 죽든 말든 신경도 안 쓰겠지? 나를 떠나든 말든 네가 결정해. (선택)

이제 차이를 아시겠죠? 아주 유명한 축구 선수가 SNS에 '답답하면 니들이 뛰던가.'라고 올렸는데요, '답답하면 니들이 뛰든가.'가 맞는 표현이라는 점, 꼭 기억하세요.

· 싫든 좋든 어쩔 수 없잖아.
· 공부를 하든 기술을 배우든 한 가지는 해야지.
· 그날 네게 했던 말을 후회하고 있어.

애 vs 얘

〈1분 우리말〉을 진행하는 동안 '애'와 '얘'를 구분하는 법을 알려 달라는 댓글이 많았는데요, 지금 깔끔하게 정리해 드립니다.

애는 '아이'의 준말이고, 얘는 '이 아이', '이 애'의 준말입니다. 즉 가리키는 의미가 담긴 '이'가 포함되어 있고 없고의 차이인 거죠.

예를 들어 일분이라는 친구를 두고 이야기를 한다면, 뒷담화를 할 때는 '애', 앞에서 말할 때는 '얘'를 쓴다고 생각하면 됩니다.

일분이는 그걸 아는 애가 왜 그랬대?

이 말을 할 때 일분이는 앞에 없어요. 반대로 일분이가 지금 같이 있을 때, 제가 다른 친구에게 일분이를 가리키며 "일분이 얘가 그랬어?"라고 할 때는 '얘'를 쓰는 거죠. 그럼 친구가 "응, 얘가 그랬어."라고 대답하겠죠?

그리고 "얘들아, 밥 먹자!"라고 할 때도 마찬가지입니다. 근처에 있는 '이 아이'들을 지칭하는 경우이기 때문에 '애들아'가 아닌 '얘들아'가 맞습니다.

– 090 –
조리다 vs 졸이다

"고등어 좀 더 (조려야/졸여야)겠다."의 답은? '조리다'입니다. 그
럼 "에미야, 찌개가 싱겁다. 더 (조려야/졸여야)겠다."의 답은? '졸이
다'입니다. 아니, 도대체 무슨 차이야? 둘 다 좀 더 끓이라는 거 아냐?
'조리다'와 '졸이다'의 차이를 알아봅시다.

'조리다'는 '양념 맛이 재료에 푹 스며들도록 국물이 거의 없을 정
도로 바짝 끓여 내다'입니다. 그래서 고등어조림, 생선조림, 장조림
에는 '조리다'를 사용하죠.

'졸이다'는 '찌개나 국의 국물을 줄게 하다'라는 뜻으로 "국을 졸이
다.", "한약을 졸이다."와 같이 사용하게 됩니다. 물론 "마음을 졸이
다."에도 쓸 수 있죠.

이렇게나 섬세한 한국어, 잘만 사용하면 더 확실하게 표현할 수
있겠죠?

낫다 vs 낳다

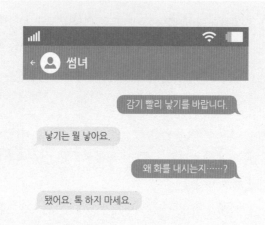

볼 때마다 답답한 '낫다'와 '낳다' 정리하기!

저는 웬만해서는 넘어가는데, 이거 틀리는 건 못 참겠더라고요. "내가 너보다 낳다.", "병 빨리 낳아라." 등의 톡을 보면 분노가 치밀어 오릅니다.

'낳다'는 '배출하다'라는 의미로, '배 속의 아이, 새끼, 알 등을 몸 밖으로 내놓는다'는 뜻과 '어떤 결과가 발생하다' 등의 뜻이 있습니다. 그래서 "아이를 낳다.", "좋은 결과를 낳다." 등으로 쓸 수 있습니다. 그리고 '낳다'는 '낳아, 낳으니, 낳아서'에서 보듯 어간 '낳'이 변하지 않습니다.

반면에 '낫다'는 '병이나 상처 따위가 본래대로 되다'라는 뜻과 '~보다 좋거나 앞서 있다'라는 뜻을 갖는데요, 때문에 "감기 빨리 나아.", "내가 너보다 나아."로 사용할 수 있습니다. 그리고 '낫다'는 '나아, 나아서, 나으니, 낫지'처럼 ㅅ이 불규칙하게 쓰입니다.

'낫다'와 '낳다'를 잘못 쓰면 정말 정떨어질 수 있으니, 주의합시다!

· 애 낳고 나니까 혈색이 훨씬 나아졌네.
· 좋은 결과를 낳기 위해 오늘도 열심히!
· 오늘보다 내일 조금이라도 더 나은 사람이 되기 위해 노력하고 있어.

메다 vs 매다

'매다'와 '메다'를 헷갈릴 때가 많죠?

'메다'는 '어깨에 걸치거나 올려놓다'라는 뜻으로, 가방은 '매는' 게 아니라 '메는' 것이 맞습니다. '메다'는 이외에도 '무언가가 가득 차다', '감정이 북받쳐서 목소리가 잘 나오지 않다'는 의미로도 쓰입니다.

군인들이 총을 메고 가다.

웅덩이를 시멘트로 메웠다.

슬픔에 목이 메었다.

'매다'는 '끈이나 줄로 풀어지지 않게 만들다'라는 뜻으로, "신발 끈을 매다."와 같이 사용할 수 있습니다. '매듭'을 생각하면 헷갈릴 일이 없겠죠? 또 '매다'는 "밭을 매다.", "일에 목을 매다.", "가격을 매기다."와 같은 상황에서도 사용합니다.

일상생활에서 자주 쓰는 문장으로 다시 한 번 정리할게요.

신발 끈은 매고, 가방은 메다!

앞으로 헷갈리지 않기로 약속.

걷잡을 수 없이 vs 겉잡을 수 없이

'걷잡다'와 '겉잡다'는 막상 쓰려고 보면 매번 헷갈리는 단어입니다. 발음이 같기 때문에 많은 분들이 혼동하는 것 같아요.

하지만 '걷잡다'와 '겉잡다'는 의미가 다릅니다. '걷잡다'는 '한 방향으로 치우쳐 흘러가는 형세 따위를 붙들어 잡다'는 뜻이고, '겉잡다'는 '겉으로 보고 대강 짐작하여 헤아리다'라는 뜻입니다. 그러니까 '걷잡을 수 없다'는 어떻게 손을 쓸 수 없을 정도로 혼란스럽다는 뜻으로 통하겠죠?

· 걷잡을 수 없이 나쁜 소문이 퍼지고 있어.
· 대충 겉잡아서 얘기하지 말고 제대로 알려 줘.

잘못 쓰면 뜻이 달라지는 단어들 →

한창 vs 한참

자, 아래의 문장에서 올바른 단어를 선택하세요.

어머, 교복 입은 애들 좀 봐. 시간이 (한참/한창) 지나고 나니까, 저때가 (한참/한 창) 좋을 때라는 걸 알겠더라.

정답은 순서대로 '한참'과 '한창'입니다.

'한참'은 '시간이 상당히 지나는 동안', '어떤 일이 상당히 오래 일어 나는 모양'을 뜻합니다. 그래서 "왜 이렇게 한참 걸렸어?", "한참 공 부하고 있었는데."와 같이 쓰죠.

'한창'은 '어떤 일이 가장 활기 있고 왕성하게 일어나는 때' 또는 '어 떤 상태가 가장 무르익은 때'를 뜻해요. "요즘 코스모스가 한창이래.", "사람이 한창 붐빌 시간이야."처럼 쓸 수 있죠.

그러니까 '한참'은 '시간이 흐르는 것'과 관련이 있고, '한창'은 '특 정하게 왕성한 시기'를 뜻한다고 보면 구분하기 쉽겠죠? 그래도 요 즘 어디 가서 "한창 좋을 때다."라고 하면 꼰대 소리 들으니까 조심 하세요.

햇빛 vs 햇살 vs 햇볕

"와, 오늘 (햇빛/햇살/햇볕)이 진짜 따사롭다."

이 문장에서 '햇빛'과 '햇살', '햇볕' 중에 무엇이 정답일까요? 이거 알면 맞춤법 고수 인정!

정답은 '햇볕'입니다. 그게 그거고, 거기서 거기 아닌가 싶죠? 비슷해 보이지만 각 단어마다 확실한 차이가 있습니다.

'햇빛'은 말 그대로 '해의 빛'입니다. "햇빛이 비치다.", "창문에 햇빛이 반사됐다."라고 할 때 쓰죠. '햇살'은 '해에서 나오는 줄기'로, "햇살이 퍼지다.", "창문으로 햇살이 들어왔다."로 쓸 수 있습니다. 마지막으로 '햇볕'은 '해가 내리쬐는 기운'이라는 뜻으로 '우리가 피부로 느낄 수 있는 것'입니다. 그래서 "햇볕이 따사롭다.", "햇볕 때문에 피부가 탔다."로 표현할 수 있죠.

조금 복잡하죠? 그래서 한국어가 어렵지만, 또 그만큼 섬세하고 재미있다는 생각이 드네요.

경신 vs 갱신

기록은 '경신'하는 걸까요, '갱신'하는 걸까요?

'신기록 경신'이 맞습니다.

그런데 경신과 갱신은 둘 다 한자가 '更新'로 같습니다. 다만 '경'으로 읽을 때는 '고치다'라는 의미가 되고, '갱'으로 읽을 때는 '다시'라는 뜻이 됩니다. 같은 한자인데도 어떻게 읽느냐에 따라 의미가 달라지는 거죠.

신기록은 원래 있던 기록을 고쳐서 새로 기록하는 것이니까 '경신'이 맞습니다. 그러면 '갱신'은 어느 때 쓸까요? 일상에서 "계약을 갱신하다." 또는 "면허를 갱신하다."라고 쓸 수 있습니다. 기존의 계약이나 면허를 '다시' 맺는 거니까, '갱신'을 씁니다.

신기록은 '경'이로운 거니까 '신기록 경신', 이렇게 외웁시다.

심란 vs 심난

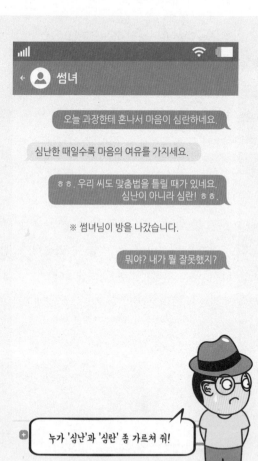

썸녀

오늘 과장한테 혼나서 마음이 심란하네요.

심난한 때일수록 마음의 여유를 가지세요.

ㅎㅎ. 우리 씨도 맞춤법을 틀릴 때가 있네요.
심난이 아니라 심란! ㅎㅎ.

※ 썸녀님이 방을 나갔습니다.

뭐야? 내가 뭘 잘못했지?

누가 '심난'과 '심란' 좀 가르쳐 줘!

썸남과 썸녀 모두 맞게 말한 건데, 썸남이 괜히 아는 척 지적했다가 끝났네요.

내 처지가 너무 심난해서 참 심란하다.

위 문장을 보니 괜히 둘 중 하나는 틀린 것 같죠? 하지만 두 단어 다 맞게 사용한 건데요, '심란'과 '심난'에는 미묘한 차이가 있기 때문에 제대로 잘 사용해야 합니다.

먼저 '심란하다'는 마음 심心과 어지러울 란亂이 합쳐져서 '마음이 평온하지 않고 어수선하다'는 뜻입니다.

중간고사 성적표를 보니 참 심란하다.
네 방 상태를 보니 심란하다.

다음은 '심난하다'입니다. '심할 심甚'과 '어려울 난難'이 합쳐져서 '형편이나 처지 등이 매우 어렵다'는 뜻입니다.

IMF 시절 참 심난했던 날들이 떠올랐다.
심난할수록 용기를 가져야 해.

모양이 비슷하고 발음도 비슷하지만 한자가 달라서 이렇게 다른 의미로 쓰이는데요, 잘못 쓰면 의미가 달라지니 주의합시다.

- 098 -
피우다 vs 피다

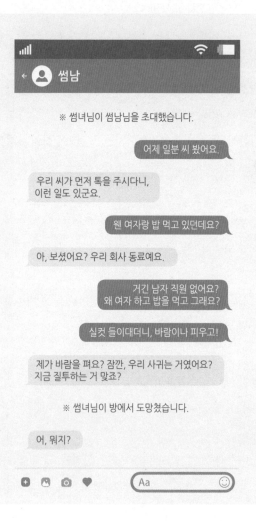

아빠, 담배 좀 피지 매 / 남친이 바람 펴서 헤어졌어.

여기서 이상함을 느끼셔야 하는데……. 이제 알아보도록 해요.
'담배를 피다/바람을 피다'라는 표현은 틀렸습니다. '담배를 피우다/바람을 피우다'가 맞습니다. '피우다'는 '피다'의 사동사^{문장의 주체가 스스로 어떤 행동을 하지 않고 남에게 그 동작을 하게 함을 나타내는 동사}이지만, 자체적인 뜻을 갖기도 합니다. 이때 '①어떤 물질에 불을 붙여 연기를 빨아들이었다가 내보내다', '②(일부 명사와 함께 쓰여) 그 명사가 뜻하는 행동이나 태도를 나타내다'는 의미를 갖습니다.

담배를 피우다. / 아편을 피우다. (①)
재롱을 피우다. / 바람을 피우다. / 소란을 피우다. (②)

그러면 '피다'는 어떨 때 쓸까요? '피우다'와 달리 스스로 알아서 무언가가 필 때 사용합니다. 따라서 '~이/가 피다' 형태로 쓰죠.

꽃이 피다. / 얼굴이 피다. / 형편이 피다.

그럼 예시 문장으로 정리해 봅시다.

로또 당첨돼서 형편이 피니까 얼굴도 피더라. 여유가 생겨서 그런지 담배도 많이 피우고 술도 자주 마시더니 심지어 나중에는 바람까지 피우던데?

천생 vs 천상

연예인을 좋아하는 팬들이 정말 자주 하는 말이죠. "우리 오빠는 (천생/천상) 연예인이야."에서 무엇이 맞는 단어일까요? 둘 다 워낙 자주 써서 긴가민가하죠? 정답은 '천생'입니다.

'천생'은 '하늘 천天'과 '날 생生'을 써서 '하늘로부터 타고남'이라는 뜻을 갖습니다. 태어나기를 그렇게 태어났다는 의미죠.

'천상'이 없는 말은 아닙니다. '하늘 천天'과 '위 상上'을 써서 '천상의 소리' 같은 표현으로 쓸 수 있어요. 또 "우리 오빠는 지상계 사람이 아니라 천상계 사람이야. 신인 거지, 신."이라고 쓸 수도 있습니다.

하지만 무언가 타고난 기질을 말하고 싶을 때는 '천생'을 쓴다는 사실, 기억해 주세요.

고난도 vs 고난이도

"시험이 너무 (고난도/고난이도)여서 망했어!"

앞으로 시험이 어려웠다고 말하고 싶을 때는 '고난도'라고 해야 합니다. 먼저 '고'를 빼고 '난도'와 '난이도'의 차이를 알아봅시다.

'난도'는 '어려울 난難'과 정도를 뜻하는 '도度'가 합쳐져서 '어려움의 정도'라는 뜻입니다. 반면 '난이도'는 '어려울 난難'과 '쉬일 이易'를 써서 '어려움과 쉬움의 정도'이죠. 자, 여기까지 알고 나서 다시 앞에 '고高'를 붙여 봅시다.

'고난도'는 '어려움의 정도가 높음'이라는 뜻이 되어 자연스럽게 쓸 수 있지만, '고난이도'는 '어려움과 쉬움의 정도가 높음'이라는 애매한 뜻이 되어서 부자연스럽죠? 따라서 무언가가 어렵다고 말하고 싶을 때는 '고난도'가 맞습니다.

· "시험의 난이도가 어땠어?"
· "고난도였어. 진짜 어려웠어."

- 101 -
껍질 vs 껍데기

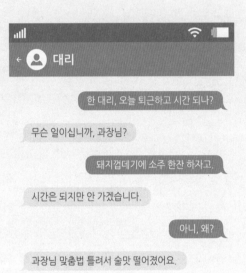

한 대리, 오늘 퇴근하고 시간 되나?

무슨 일이십니까, 과장님?

돼지껍데기에 소주 한잔 하자고.

시간은 되지만 안 가겠습니다.

아니, 왜?

과장님 맞춤법 틀려서 술맛 떨어졌어요.

저걸 언제 한번 잡아야 되는데….

잘못 쓰면 뜻이 달라지는 단어들 →

대화 속의 대리처럼 사회생활을 하면 안 되지만, 그래도 틀린 건 짚고 넘어가야겠죠?

우리가 흔히 쓰고 식당의 메뉴에도 버젓이 들어가 있는 '돼지 껍데기'는 잘못된 표현입니다. 그럼 '껍데기'와 '껍질'의 정체부터 알아봐야겠죠?

'껍데기'는 '달걀이나 조개 따위의 겉을 싸고 있는 단단한 물질' 혹은 '알맹이를 빼고 겉에 남은 물건'이라는 뜻입니다. 여기서 핵심은 '단단한 물질'이라는 점입니다. '달걀 껍데기', '조개껍데기'라고 쓰죠.

'껍질'은 '물체의 겉을 싸고 있는 단단하지 않은 물질'이라는 뜻으로, '귤껍질', '바나나 껍질' 등 과일의 말랑말랑한 겉을 말할 때 씁니다. 돼지의 겉살은 단단하지 않기 때문에 사실상 '돼지 껍질'이라고 하는 것이 옳은 표현이죠.

하지만 이 구분이 명확한 것은 아닙니다. 조개의 경우에는 '조개껍데기', '조개껍질' 둘 다 사용하거든요. '조개껍질 묶어 그녀의 목에 걸고~♬'라는 노래 때문일까요?

아무튼 앞으로 누가 '돼지 껍질' 먹으러 가자고 하면 살짝 취해서 분위기 좋을 때 사람들에게 알려 줍시다.

처먹다 vs 쳐먹다

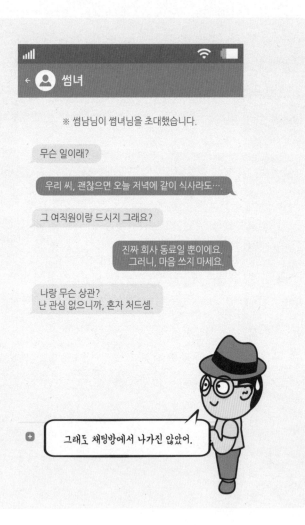

> **썸녀**
>
> ※ 썸남님이 썸녀님을 초대했습니다.
>
> 무슨 일이래?
>
> 우리 씨, 괜찮으면 오늘 저녁에 같이 식사라도….
>
> 그 여직원이랑 드시지 그래요?
>
> 진짜 회사 동료일 뿐이에요.
> 그러니, 마음 쓰지 마세요.
>
> 나랑 무슨 상관?
> 난 관심 없으니까, 혼자 처드셈.
>
> 그래도 채팅방에서 나가진 않았어.

누군가 싫어졌다고 느끼는 순간이 있대요. 그 사람이 무얼 먹고 있는 걸 보면서 '(처/쳐)먹는다'고 느낄 때라고 합니다. 하지만 사람 싫어질 때 싫어지더라도 맞춤법은 알고 갑시다.

'처'와 '쳐'의 차이는 뭘까요?

'쳐'는 '치어'의 준말입니다. 그래서 "한 대 쳐 봐!"와 같이 '치다^{때리다}'는 뜻으로 사용할 수 있어요. '쳐부수다'는 '세차게 때려 부수다'는 뜻이고, '쳐내려오다'는 '적이 위쪽이나 북쪽에서 공격해오다'는 뜻이죠. 이외에 '쳐들다'에서 쓰는 것처럼 '무언가를 위로 올리는' 행위를 뜻하기도 합니다.

반면에 '처'는 '몹시', '마구'의 의미가 있습니다. 그래서 '마구 먹다', '마구 박다', '몹시 돌았다'라는 의미로 '처먹다', '처박다', '처돌았다'(이건 속된 표현입니다)로 쓸 수 있죠.

그다지 좋은 표현은 아니니까 자주 쓰지 않는 게 좋겠죠?

안개는 거칠까, 걷힐까?

'거치다'와 '걷히다'는 둘 다 발음이 [거치다]로 똑같습니다. 그래서 글로 쓸 때 혼동하기 쉬워요.

'거치다'는 '무엇에 걸리거나 막히다', '오가는 도중에 어디를 지나거나 들르다', '어떤 과정이나 단계를 겪거나 밟다'라는 뜻을 가지고 있습니다. '걷히다'는 '흩어져 사라지다', '말끔히 해소되어 없어진 상태가 되다', '그쳐 맑게 개다'라는 뜻입니다. "중학교를 거쳐 고등학교에 입학하다."라는 문장에서는 '거치다'를 쓰고, 안개나 구름이 사라지는 것을 표현할 때는 '걷히다'라고 표기해야 합니다. 발음이 비슷하다고 제멋대로 쓰다가는 단박에 정떨어지니까, 주의하세요.

돋히다 vs 돋치다

'가시가 돋히다', '가시가 돋치다' 중에 어떤 게 맞는 표현일까요?

정답은 '가시가 돋치다'가 맞고, '돋히다'는 아예 없는 말입니다.

기본형은 '돋다'로 '속에 생긴 것이 겉으로 나오거나 나타나다', '감정이나 기색 따위가 생겨나다'라는 뜻을 가진 단어인데요, '돋다'는 자동사여서, 무언가에 의해 그 동작을 하게 만든다는 뜻을 가진 '-히'를 쓸 수가 없는 겁니다.

그럼 '-치'는 왜 가능한 걸까요? '-치'는 그냥 강조의 의미를 가진 접사이기 때문에 '돋다'라는 동작을 강조하는 것이라 가능한 거죠.

'소름이 돋다'라는 표현이 있죠? 소름은 오로지 그냥 돋는 것일 뿐, 소름이 다른 무언가에 의해 돋지 않습니다. 그러니까 '소름이 돋히다'라고 하면 틀린 표현이 되는 거죠.

헷갈린다면 그냥 '돋히다'는 없는 말! '돋치다'가 맞다고 외웁시다!

부치다 vs 붙이다

"엄마 심부름으로 편지 (부치고/붙이고) 오면, 이따 김치전 (부쳐/붙여) 줄게."

"엄마는 꼭 뭐해 달라고 할 때 조건을 (부치/붙이)더라. 나 오늘 힘에 (부쳐서/붙여서) 안 돼."

예문이 난리가 났죠? 4개 모두 한 번에 맞히면 마구 칭찬해 드리겠습니다.

정답은…… '편지를 부치다', '전을 부치다', '조건을 붙이다', '힘에 부치다'입니다.

먼저 '붙이다'부터 알아봅시다.

'붙이다'의 기본형은 '붙다'인데요, '붙다'는 '맞닿아 떨어지지 아니하다', '시험 따위에 합격하다', '불이 옮아 타기 시작하다' 등의 의미가 있습니다. '붙이다'는 '붙다'에 '남에게 그 행동을 하게 만든다는 뜻'을 가진 '-이-'가 중간에 붙은 단어예요. '붙이다'는 그래서 아래처럼 쓰이는 거죠.

이것 좀 안 떨어지게 잘 붙여 봐.

대학에 꼭 붙어라!

향초에 불 좀 붙여 줘.

반면에 '부치다'에는 '붙다'의 의미가 들어가 있지 않습니다. '편지나 물건 따위를 일정한 수단이나 방법을 써서 상대에게 보내다', '어떤 문제를 다른 곳이나 다른 기회로 넘기어 맡기다', '어떤 일을 거론하거나 문제 삼지 아니하는 상태에 있게 하다', '모자라거나 미치지 못하다'라는 뜻을 갖습니다.

오늘 안으로 편지를 부쳐야 해.

이 안건을 회의에 부치겠습니다.

이번 일은 우리끼리만 아는 비밀에 부치자.

힘에 부쳐서 더 이상은 못하겠어.

'붙이다'와 '부치다'는 발음이 비슷하지만, '붙다'의 의미만 생각한다면 구분하기 힘들지는 않을 거예요. 아, 그리고 엄마 심부름은 따지지 말고 그냥 합시다.

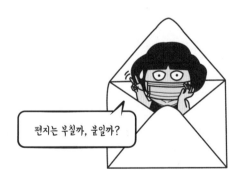

편지는 부칠까, 붙일까?

엉덩이 vs 궁둥이

'궁둥이'를 '엉덩이'의 방언^{사투리}으로 알고 계신 분이 많은데요, 놀랍게도 '엉덩이'와 '궁둥이'는 가리키는 부위가 다릅니다.

흔히 알고 있는 엉덩이는 사실 위아래 두 군데로 나뉘어 있습니다. '엉덩이'는 '볼기의 윗부분'이고, '궁둥이'는 '볼기의 아랫부분'이에요. '볼기'는 엉덩이에서 살이 가장 많은 부분으로 생각하시면 됩니다. 우리가 의자에 앉을 때 의자에 닿는 부분은 사실 '궁둥이'였던 거죠.

통상적으로 '엉덩이'는 '볼기의 윗부분과 아랫부분'을 합쳐서 이르기 때문에 '궁둥이'가 '엉덩이'에 포함되기는 하지만, 그래도 볼기의 위아래를 구분할 때는 따로 써야겠죠?

삼가다 vs 삼가하다

도서관 등에서 가장 자주 보게 되는 '음식을 섭취하는 행위나 잡담은 삼가해 주시기 바랍니다.'라는 안내문이 있죠? 공공장소에서라면 맞춤법을 잘못 쓰는 것도 삼가 주시기 바랍니다.

네, 맞습니다. '삼가다'는 '몸가짐이나 언행을 조심하다'라는 뜻을 가진 단어입니다. '삼가하다'라고 쓰는 것은 '먹다'를 '먹하다'라고 쓰는 것과 같은 경우예요.

그런데 '삼가' 이 자체만으로도 조금 익숙하지 않나요? '삼가'에는 다른 뜻이 있습니다. 바로 "삼가 고인의 명복을 빕니다."라고 쓸 수 있는데요. 이때 '삼가'의 뜻은 '겸손하고 조심하는 마음으로 정중하게' 입니다. 그래서 만약 "잡담을 삼가 해 주세요."라고 말한다면, 잡담을 겸손하고 조심스럽게 해 달라는 뜻이 됩니다.

'삼가'와 '삼가다'는 아예 다른 뜻을 갖고 있으니까, 확실히 구분해서 써야겠죠?

빌려 vs 빌어

"이 자리를 (빌려/빌어) 감사의 말씀을 전합니다."

참 많이 쓰면서도 참 많이 틀리는 표현입니다. 헷갈릴 때는 무엇?
기본형!

'빌리다'와 '빌다'를 생각할 수 있는데, 자리를 '비는' 게 아니라 '빌
리는' 거니까, '빌리다'가 맞겠죠?

빌리+어 → 빌려

'빌리다'는 "물건을 빌리다."와 같이 쓰기도 하지만, '일정한 형식이
나 이론 또는 남의 말이나 글 따위를 취하여 따르다'라는 의미를 갖습
니다. 그래서 "공자의 말씀을 빌려~"와 같이 쓸 수 있죠. 또 '어떤 일
을 하기 위해 기회를 이용하다'라는 뜻을 가져서 "이 자리를 빌려~"
와 같이 쓸 수 있습니다. 앞으로는 틀리기 없기~.

얘기 vs 예기

"소개팅 어땠어? 예기 좀 해 줘."

"미안한데, 예기는 못하겠고, 얘기는 해 줄 수 있어."

'얘기'는 '이야기'의 준말입니다. '얘기'를 '예기'라고 쓰는 건 발음이 비슷한 데서 오는 착각이죠.

그런데 '예기'에도 여러 가지 뜻이 있습니다. 일상에서 자주 쓰는 의미로는 '앞으로 닥쳐올 일에 대하여 미리 생각하고 기다림'이 있습니다. 평소에 '예기치 못한 일', '예기된 일' 등의 표현으로 자주 쓰죠.

그러니까 "예기 좀 해 줘."라고 하면 "미리 생각하고 예측 좀 해 봐."라는 뜻으로 아예 의미가 달라지니까, 주의해서 사용해야겠죠?

- 110 -
새다 vs 새우다

시험 기간이나 야근을 할 때 입에 달고 사는 말이죠.

으악, 날이 샜네. 또 밤을 새웠어.

예리한 분들은 여기서 '새다'와 '새우다'의 차이를 알아차리셨을 거예요.

'새다'는 '날이 밝아오다'라는 뜻으로 자연현상에 초점이 맞추어져 있습니다. '새우다'는 '한숨도 자지 아니하고 밤을 지내다'라는 뜻인데요, 그러니까 사람이 잠을 자지 않고 밤을 지낸 행위를 뜻할 때는 '새우다'를 써야 합니다.

나는 뜬 눈으로 밤을 새웠다.
밤새워서 편지를 썼다.
요즘 불면증 때문에 밤을 새우는 일이 많아.

단, '밤새도록'은 관용적 표현으로 굳어져 있기 때문에 '밤새우도록'이라고 쓰면 안 됩니다.
우리 모두 밤새우지 말고 공부나 일은 미리미리.

네가 vs 니가

니가 참 좋아~ 짝짝짝♫

노래를 듣다 보면 대부분 위와 같이 '니가'라고 가사를 쓰고 발음도 [니가]라고 하는데요, '니가'는 표기를 해서도 안 되고 발음을 해서도 안 됩니다. 심지어 '너가'라고 해도 틀린 거예요. 그냥 무조건 '네가'라고 쓰고 발음도 [네가]라고 해야 해요.

나+가 → 나+ㅣ+가 → 내가

저+가 → 저+ㅣ+가 → 제가

너+가 → 너+ㅣ+가 → 네가

이렇게 '나', '저' 뒤에 '가'가 올 때 중간에 'ㅣ'가 붙는 것처럼 '너'에도 '가'가 붙으면 '네가'가 되는 거예요. 사실 '내가'와 '네가'의 발음을 구분하기 어려워서 '니가'라고 말하기는 하지만, 원칙적으로는 '네가'가 맞다는 것, 꼭 기억해 둡시다.

바램 vs 바람

"너의 행복을 진심으로 바래."

이 문장을 이상하다고 느낀 분 있나요? 별로 없으실 거예요. 워낙 일상에서 많이 쓰는 표현이니까요. 하지만 틀렸습니다. "너의 행복을 진심으로 바라."가 옳은 표현입니다. 뭔가 어색하죠? 앞으로 자주 쓰다 보면 익숙해질 거예요.

"행복하길 바래.", "너를 만나길 바래 왔어.", "그게 내 소원이자 바램이야.", "모든 일이 잘 풀리길 바래."와 같이 우리는 틀린 표현을 너무나도 당당하게 써 왔습니다. '바래다'는 '볕이나 습기를 받아 색이 변하다'라는 뜻으로, '색 바래다', '빛이 바래다'로 사용할 수 있습니다. 이외에 '누군가를 배웅하다', '떠나는 사람을 바라보다'라는 뜻으로도 쓰입니다.

무언가 이루어지기를 원하는 표현은 모두 '바라다'를 기본형으로 사용해야 합니다. 《1분 우리말》은 여러분 모두가 우리말 지킴이가 되기를 진심으로 바라요.

잘 못하다 vs 잘못하다

지난번엔 제가 우리말을 잘 몰라서 실수를 했습니다. 제가 잘 못했어요.

잘 못했다고요? 그럼 잘한 건 뭔데요?

헉!! 제가 또 무얼 잘 못했죠?

그럴 땐 '잘 못했다'가 아니라, '잘못했다'고 해야 하는 거예요.

아, 그렇군요.

도저히 안 되겠어요. 일주일에 한 번씩 맞춤법 공부하도록 해요.

우리 씨랑 제가요? 일주일에 한 번? ♥♥

일단 가르쳐 보고, 안 되면 찰 거야.

Aa

"나 발표를 잘 못했어."

"응? 어떤 부분을 잘 못했는데?"

"준비가 부족했던 것 같아. 요 며칠 노느라 신경을 덜 썼거든. 내가 잘못했어."

위의 대화를 보고 어느 정도 감이 오시나요?

'잘 못하다'는 '잘하지는 못하다', '완벽하지 않다', '능숙하지 못하다'는 의미를 갖습니다. 그래서 "말을 잘 못했어."라고 하면 "말을 능숙하게 하지 못했어."라는 뜻이 되죠.

반면에 '잘못하다'는 '틀리거나 그릇되게 하다', '올바르게 행동하지 못하다'라는 의미입니다. 그래서 "내가 말을 잘못했어."라고 하면 "내가 말실수를 했어."라는 뜻으로, 사실이 아닌 것을 말했거나 말로 상대에게 상처를 주었다는 의미입니다.

나는 이런 일을 잘 못해.

이번 일은 내가 잘못했어.

자, 그럼 문제! 회사의 신입 사원이 브리핑에 쓸 자료 준비를 했는데, 다소 부족할 때는 어떤 말을 해주어야 할까요?

일을 잘 못했어.

일을 잘못했어.

들르다 vs 들리다

썸녀

> 제가 조금 늦을 것 같아요, 우리 씨.

일분 씨, 첫 수업부터 늦는 거예요?

> 우리 씨 좋아하는 케익이랑 음료수 사러
> 카페에 들리느라, 늦었어요.

감점 2점!
앞으로 우리말 잘못 쓸 때마다 1점씩 감점이에요.

> 앗, 어디랑 어디를 틀렸죠?

일단 빨리 오기나 해요.
감점 50점이면, 손절할 거야.

> 헉!!!

Aa

'들리다'와 '들르다'도 잘못 쓰는 경우가 많은 단어예요. 자, 아래의 문장을 볼까요?

어! 저기서 무슨 소리 들리지 않아? 한번 들러 볼까?

어떤 소리를 들을 때 쓰는 단어인 '들리다'를 잘못 쓰는 경우는 별로 없어요. 그런데 '들르다'라고 써야 할 때 '들리다'라고 잘못 쓰는 경우는 많더라고요.

'들리다'는 '사람이나 동물이 감각 기관을 통해 소리를 알아차리게 되다'라는 뜻이고 기본형은 '듣다'입니다. "시끄러운 소리가 들린다.", "노랫소리가 들려온다." 등으로 쓸 수 있죠.

'들르다'는 '들리다'와 뜻이 완전히 다릅니다. '지나는 길에 잠깐 들어가 머무르다'라는 뜻이죠. 평소에 "지나가는 길에 잠깐 들를게.", "거기 가기 전에 우리 집에 잠깐 들러."라고 써요.

그런데 워낙 잘못 쓰인 사례를 많이 접하다 보니까, "지나가는 길에 잠깐 들릴게.", "거기 가기 전에 우리 집에 잠깐 들려." 등으로 말하고 쓰는 경우가 많습니다.

모음 하나 차이로 뜻이 완전히 달라지니까, 평소에 상황에 맞게 발음해서 올바르게 써먹도록 해요.

아참, 그리고 썸남이 말한 '케잌'도 틀린 말입니다. '케이크'라고 써야 해요.

주인공 vs 장본인

이 사람이 그 유명한 성공 신화의 장본인입니다.

뭐가 어색하지 않은가요? 뭔가 틀린 것 같지 않나요?

'장본인'을 '주인공'으로 바꿔 봅시다. "이 사람이 그 유명한 성공 신화의 주인공입니다."라고 하는 게 더 자연스럽죠.

'장본인'과 '주인공' 둘 다 '당사자' 또는 '중심인물'이라는 뉘앙스가 같지만, 숨은 뜻은 많이 다릅니다. '장본인'은 '어떤 일을 꾀하여 일으킨 바로 그 사람'이라는 뜻으로 부정적인 의미가 강합니다. 반면 '주인공'은 '연극, 영화, 소설 따위에서 사건의 중심이 되는 인물', '어떤 일에서 중심이 되거나 주도적인 역할을 하는 사람'이라는 뜻입니다.

그래서 "이거 누가 엎질렀어? 이번 사건의 장본인이 누구야?"처럼 무언가 부정적인 상황을 초래한 사람을 '장본인'이라고 합니다.

우리 어디 가서 '장본인'이 되지 말고, '주인공'이 되도록 합시다.

꽤나 vs 깨나

돈깨나 있다고 사람 무시하면 안 되지.

돈 꽤나 있다고 사람 무시하면 안 되지.

위 두 문장 속의 '깨나'와 '꽤나' 중에 어떤 게 맞을까요? 놀랍게도 둘 다 바른 표현입니다.

'깨나'는 '어느 정도 이상'을 뜻하는 조사로 앞 단어에 붙여서 씁니다. "힘깨나 쓰겠네.", "생긴 걸 보니 고집깨나 부리겠다."라고 쓰면 됩니다. 앞의 단어를 강조하는 느낌을 주죠.

'꽤나'는 '보통보다 더한 정도'라는 뜻을 가진 부사입니다. 앞뒤 단어에 띄어서 쓰죠. 원래의 단어는 '꽤'이지만 일상적으로 '꽤나'라는 표현을 자주 씁니다. "꽤나 힘들었나 보구나.", "얼굴이 꽤나 잘생겼구나."라고 쓸 수 있습니다.

· 꽤나 일 잘하게 생겼군. (O, 부사)

· 깨나 일 잘하게 생겼군. (x, 조사는 독립적으로 쓸 수 없음)

미쳐 vs 미처

네가 그 배우한테 (미처/미쳐) 있는지 (미처/미쳐) 몰랐다.

정답은 차례대로 '미쳐'와 '미처'입니다.

'미처'는 '아직 거기까지 미치도록'이라는 뜻을 갖고 있어요. 그리고 뒤에 '못하다', '모르다', '없다', '않다' 등의 서술어가 오는 경우가 많습니다.

그런 줄 미처 몰랐어.

이렇게 주문이 몰릴 줄 모르고 미처 재료를 준비하지 못했어요.

'미쳐'는 다들 아시죠? 기본형은 '미치다'입니다. "노래에 미치다.", "사랑에 미치다." 등으로 표현할 수 있어요. '미처'와 '미쳐'의 생김새가 비슷하다고 해서 헷갈리지 않도록 해요. 정 헷갈릴 것 같으면 아래의 문장을 외워 둡시다.

미안하다. 내가 연애에 미쳐 있느라 너의 형편을 미처 살피지 못했어.

- 118 -
꽂이 vs 꼬치

"엄마, 뭐 도와줄 거 없어?"

"거기 떡이랑 햄 좀 (꽂이/꼬치)에 끼워 줘."

자, 떡이랑 햄은 '꽂이'와 '꼬치' 중 어디에 끼워야 할까요? 정답은 '꼬치'입니다.

평소에 떡꼬치, 양꼬치, 어묵꼬치 등 음식 이름에 '꼬치'가 자주 쓰이는데요. '꼬치'는 '꼬챙이에 꿴 음식물', '가늘고 길면서 끝이 뾰족한 쇠나 나무 따위의 물건'이라는 뜻을 갖고 있습니다. 하지만 많은 분들이 '꽂이' 혹은 '꼬지'랑 헷갈려 하는데요, 그 이유는 '꽂다'라는 단어를 생각하기 때문일 거예요. "떡을 꽂으니까 '떡꽂이'겠지?" 하고 말이에요.

'꽂다'는 '쓰러지거나 빠지지 아니하게 박아 세우거나 끼우다'라는 뜻을 가진 동사입니다. 명사인 '꽂이'는 독립적으로 쓰이는 경우는 거의 없고, 주로 '우산꽂이', '꽃꽂이', '책꽂이' 등과 같이 다른 단어와 결합하여 쓰입니다.

'꼬치'는 '꼬챙이'니까 '꼬치'다! 이렇게 기억해요.

아, 양꼬치에 맥주 먹고 싶다.

- 119 -
날라가다 vs 날아가다

우리가 일상에서 무의식적으로 많이 쓰는 말 중에 '날라가다'라는 표현이 있어요. 말하고 싶은 내용은 '공중으로 날아서 가다', '몹시 빠르게 움직여 가다'일 거예요. 이러한 뜻을 담은 정확한 단어는 '날아가다'예요. '날라가다'라는 말은 우리말에 존재하지 않습니다.

다만 '날라√가다'라고 띄어서 쓰면 말이 되기는 해요. '날라 가다'는 '나르다'와 '가다'를 함께 써서 '물건을 한 곳에서 다른 곳으로 옮기다'라는 뜻으로 사용할 수 있죠.

비행기가 외국에 수출하는 화물을 날라 갔다.

지금 퀵서비스 기사님이 물건을 날라 가고 있어.

하지만 공중을 떠다니는 물체가 하늘을 날거나 총알처럼 빠르게 달려가는 것을 표현할 때는 '날아가다'를 써야 합니다.

헬리콥터가 산 너머로 날아갔어.

딱 기다려! 당장 날아갈 테니까.

친구와의 약속에 늦었을 때 "미안, 나 당장 날라갈게."라고 말하곤 하는데, '날라갈게'가 아니라 '날아갈게'라는 점, 제대로 압시다.

데로 vs 대로

연락받는 대로 바로 출발할게.

연락받은 데로 바로 출발할게.

두 문장 중에 무엇이 틀렸을까요? 틀린 건 없습니다. 다를 뿐이죠.

"연락받는 대로 바로 출발할게."는 '연락을 받음과 동시에 출발하겠다'는 의미입니다. '대로'는 '어떤 모양이나 상태와 같이', '어떤 상태나 행동이 나타나는 즉시'라는 뜻을 갖고 있습니다.

반면에 '데로'는 '장소'를 뜻하는 의존명사인 '데'와 '방향'을 뜻하는 조사 '로'가 합쳐진 말이에요. "연락받은 데로 바로 출발할게."는 '연락을 통해서 알게 된 그 장소로 가겠다'는 뜻이지요. "지금 사는 데가 어디야?", "네가 있는 데로 갈게." 등으로 표현할 수 있어요.

"연락받는 대로 네가 알려 준 데로 갈게."라고 한 번에 사용할 수도 있겠죠?

댓글 vs 답글 vs 덧글

"여기 댓글창 좀 봐. 진짜 난리 났어."

"그러게. 근데 여기 덧글 좀 이상하다."

'댓글', '답글', '덧글'이 다 같은 의미지만 표현하는 방법만 다른 것 같죠? 하지만 각 단어마다 엄연히 다른 의미를 갖고 있기 때문에 상황에 따라 다르게 써야 합니다.

'댓글'은 '인터넷에 오른 원문이나 영상에 대한 반응을 짤막하게 올리는 글'로 평소 우리가 유튜브나 블로그 아래에 다는 글을 말합니다.

'답글'은 '인터넷에 오른 질문에 대하여 답변하는 글'로, 예를 들면 〈네이버 지식인〉에 누군가가 질문을 올렸을 때 거기에 답변을 하는 글이에요.

그리고 '덧글'은 '인터넷에 오른 원문에 짤막하게 덧붙여 올리는 글'로, 원문에 추가하고 싶은 내용을 올리는 글을 일컫습니다.

엇비슷해 보이지만 미묘하게 차이가 있다는 사실, 기억해 주세요.

지긋이 vs 지그시

그 표정 뭐예요?

게슴츠레한 눈길로 누군가를 바라보는 눈빛을 말할 때 쓰는 단어는 '지그시'일까요, '지긋이'일까요? 또 어린아이가 참을성 있게 한 자리를 지키고 있을 때는 둘 중에 어떤 단어를 써서 표현해야 할까요? 자, 하나하나 살펴봅시다.

어린애가 지루할 텐데도 (지긋이/지그시) 잘 앉아 있네.

이 아이는 '지긋이' 앉아 있는 걸까요, '지그시' 앉아 있는 걸까요? 정답은 '지긋이'입니다. 헷갈릴 때는 기본형을 봐야죠. '지긋이'라는 부사의 기본형은 형용사 '지긋하다'예요. '나이가 비교적 많아 듬직하다' 혹은 '참을성 있게 끈지다'라는 뜻입니다. '지긋이'는 '나이가 비교적 많아 듬직하게', '참을성 있게 끈지게'라는 뜻이죠. "나이가 지긋이 들어 보이네요.", "책상에 지긋이 앉아 있는 걸 보니, 쟤는 공부를 잘하겠다."와 같이 쓸 수 있습니다.

그리고 '지긋지긋하다'라는 표현을 쓰는 경우가 있죠. 기본형은 역시 '지긋하다'로 '진저리 치도록 싫다'는 뜻입니다. 그렇지만 '지긋이'가 비슷한 뜻으로 쓰이는 경우는 없습니다.

'지그시'는 '슬며시 힘을 주는 모양', '조용히 참고 견디는 모양'을 뜻하는 부사입니다.

그는 지그시 눈을 감고 생각에 잠겼다.
그 애가 내 손을 지그시 잡았는데, 무슨 의미지?
그 녀석 하는 짓이 꼴 사나웠지만, 지그시 참았어.

'지긋이'와 '지그시'는 발음이 똑같지만 의미가 다릅니다. 특히 '참고 견디다'라는 의미로 쓰일 때 뜻이 미묘하게 다르기 때문에 주의해야 합니다.

많이 아플 텐데 지그시 잘 참네.
저렇게 지루한 영화를 지긋이 보다니.

알아 두면 꼰대 소리 덜 듣는 신조어와 야민정음

인터넷상에는 온갖 외계어가 돌아다닙니다. 권할 만한 현상은 아니지만, 젊은이들이 우리말을 재미있고 재치 있게 표현하는 것인 만큼 알아 두면 최소한 꼰대 소리는 덜 들을 거예요. 그때마다 '이게 무슨 소리?' 하고 반응하면, '소통 불가' 딱지가 붙을지도 모르잖아요?

그래서 이번에는 '신조어'와 '야민정음'에 대해서 알아보도록 할 거예요. 본격적으로 시작하기 전에 몸 풀기부터 해 볼까요? 아래의 단어^{외계어} 가운데 뜻을 알 만한 것이 몇 개나 있는지 생각해 보세요.

댕댕이 / 머머리 / 롬곡

뽀시래기

졌잘싸 / 남아공 / 오놀아놈

'댕댕이'는 '개'와 '강아지'를 뜻하는 '멍멍이'라는 단어에서 '머'와 '대'가 닮은 데서 유래한 말입니다. 왠지 입에 잘 붙고 발음이 귀여워서 요즘엔 '멍멍이'보다는 '댕댕이'라는 표현을 더 많이 씁니다.

이처럼 한글의 자음과 모음을 비슷한 형태로 바꾸어 사용하는 것을 《훈민정음》에 빗대어 '야민정음'이라고 해요. 세종 대왕님께서 알면 뒷목 잡으실 일이지만, 일종의 '놀이'이자 젊은이들의 소통 방식으로 이해해 주시면 될 것 같아요.

자, 그럼 '머머리'가 무엇인지는 대충 감이 오시나요? 이 역시 '머'와 '대'의 형태가 유사한 데서 나온 말로, '대머리'라는 뜻입니다.

'롬곡'이라는 말은 좀 어려울 거예요. 이 말을 180도 뒤집어 보세요. '눈물'이 되죠? 예전에 '곰'을 뒤집어서 '문'이라고 우기던 것과 마찬가지예요. '머머리'와 '롬곡' 역시 '야민정음'입니다.

'뽀시래기'는 '부스러기'를 뜻하는 전라도 사투리인데요, 작고 귀여운 것을 표현하는 말로 '뽀시래기'라는 말의 어감이 더욱 어울려서 신조어로 자리 잡았습니다.

'졌잘싸', '남아공', '오놀아놈'은 긴 표현의 특정한 음절만 쓴 일종의 줄임말입니다.

'졌잘싸'는 '졌지만 잘 싸웠다'는 뜻으로, 게임이나 스포츠에서 많이 쓰는 표현이에요. 열심히 노력했지만 아쉽게 패배한 선수를 격려하는 의미가 담겨 있습니다. '남아공'은 '(이거 할 시간에) 남아서 공부나 해'라는 뜻이고, '오놀아놈'은 '오, 놀 줄 아는 놈인데!'라는 뜻입니다.

이상에서 본 바와 같이 젊은이들 사이에서 돌아다니는 신조어의 형태는 크게 3가지입니다.

①한글의 형태를 왜곡해서 재미있게 표현하고, ②사투리나 사어死語 중에서 입에 잘 달라붙는 단어를 선택해서 새로운 의미를 부여하며, ③긴 문장이나 표현을 몇 개의 음절만으로 줄여서 표현하는 것이죠. 국어를 지극히 사랑하는 어른들이 보기에는 눈살을 찌푸릴 수도 있지만, 이런 말들도 널리 쓰이다 보면 언젠가는 표준말로 자리

잡을지 모릅니다.

그럼 계속 공부해 볼까요?

1. 재질

원래 '재질'이라는 단어는 '재료가 가지는 성질'을 뜻하는 말입니다.
"그 상품 재질이 뭐야?", "배달 음식 용기의 재질은 대부분 플라스틱
이야."와 같이 쓰죠. 그런데 이 단어가 신조어의 세계에서는 약간 다
른 의미를 갖습니다. '느낌', '부류' 등을 뜻하게 되는 거죠. "이거 완전
내 재질(이거 완전히 내 취향이야).", "공주 재질 머박(공주처럼 럭셔
리한 게 대박이야)!" 등으로 표현해요. 하지만 인터넷상이나 SNS에
서 그리 널리 쓰이는 것 같지는 않아요. 인기가 없는 신조어들은 반
짝 나타났다가 금세 사라지기도 합니다.

2. 군싹 / 슬세권 / 머선129

제시한 3개의 신조어 중에 몇 개나 알 것 같나요? '군싹'은 광고에
쓰일 정도로 널리 퍼진 말인데, '군침이 싹 돈다'는 뜻을 갖고 있어
요. 〈뽀로로〉에 등장하는 캐릭터 루피를 통해서 더욱더 유명해진 단
어가 아닐까 싶네요.

'슬세권'은 '슬리퍼'와 '세권'의 합성어인데요, '역세권', '숲세권'이
라는 단어가 각각 역과 숲을 끼고 있는 생활권을 뜻하듯이 '슬세권'은
'슬리퍼를 신을 만큼 편한 복장으로 다닐 수 있는 주거 권역'을 뜻합
니다. 개인적으로 저는 웬만한 여가 시설은 다 '슬세권'입니다.

'머선129'는 대세 중의 대세 신조어입니다. "무슨 일이야?"라는 말을 경상도 발음 비슷하게 '머선 일이고'라고 쓰고, 다시 여기서 '일이고'를 '129'로 표현한 것이죠.

3. 임포 / 레게노 / 완내스

자, 이쯤 되면 신조어 중에서도 고급에 해당합니다.

'임포'는 한창 인기를 끌었던 어몽어스^Among Us라는 게임에서 범인을 지칭하는 '임포스터'를 줄인 말입니다. 마피아 게임에서 마피아 역할이라고 보면 됩니다. 그래서 '배신자', '사기꾼' 등의 뜻을 갖죠. 과거의 'X맨'이 생각나네요.

'레게노'는 레전드^legend의 마지막 철자인 d를 o로 잘못 읽으면서 탄생한 말입니다. '우왁굳'이라는 유명한 트위치 스트리머를 통해 유행하기 시작했죠. 뜻은 '레전드'와 같습니다.

'완내스'는 '완전 내 스타일'의 줄임말입니다. 음식, 옷, 여행 장소 등 가릴 것 없이 사용할 수 있는 아주 유용한(?) 단어여서 많은 사람들이 SNS에서 즐겨 쓰고 있습니다.

4. 700 / ㅈㅂㅈㅇ / 내또출

점점 혼란의 세계로 빠져들죠?

'700'은 일종의 '야민정음'인데요, 시간을 드릴 테니 한번 유추해 보세요. (하나 둘 셋 넷 다섯, 땡!) 일단 '700'은 숫자 칠백이 절대 아닙니다. '귀여워'의 초성만 써서 'ㄱㅇㅇ'으로 줄여서 사용하다가 결국에는 700까지 와 버린 거예요. 초성을 아라비아숫자로까지 변환해도 알아볼 수 있는 우리의 능력이란…… 참, 대단하네요.

다음은 'ㅈㅂㅈㅇ'입니다. 요즘엔 유튜브, 틱톡, 인스타그램, 페이스북 등의 개인 SNS를 통해서 볼거리가 엄청나게 많아졌고, 이에 따라 수많은 크리에이터와 인플루언서가 탄생하고 있습니다. 내가 팔로워한 사람들이 입는 옷, 음식, 여행지 등이 궁금하지 않을 수 없겠죠? 이때 "정보 좀요(관련 정보 좀 알려 주세요)."라는 말을 초성만 써서 'ㅈㅂㅈㅇ'라고 표현한답니다.

'내또출'은 아주 잔인한(?) 신조어입니다. 뜻은 바로 "내일 또 출근."이에요. 흐흑!

5. whyrano / 억텐 / 삼귀다

'whyrano'를 보면 대충 의미 파악이 되시죠? 발음을 해 보면 영어 속에서 구수한 경상도 사투리가 느껴지니까요. 바로 "왜 이러니?"의 경상도 사투리인 "와 이라노?"를 영어로 표현한 것입니다. 무슨 뜻이 있는 영어 단어인가 했다가 구수한 맛을 느끼니 재미있죠?

'억텐'은 '억지 텐션'의 줄임말입니다. '텐션^{tension}'은 우리나라에서 일상적으로는 '의욕' 또는 '흥'이라고 뜻풀이를 하는데, '억지 텐션'은 딱 보기에도 그리 기분이 좋아 보이지 않는 사람이 말이나 행동을 억지로 재미있게 하고 격한 반응을 보일 때 쓰는 표현입니다. '억텐'의 반대말로는 '찐텐'이 있습니다. 무슨 뜻인지 알겠죠?

'썸 탄다'는 말이 있죠? 이 말과 비슷한 표현으로 '삼귀다'가 있습니다. 뜻풀이를 하자면 '사귀지는 않고 친하게 지내다'인데요. '사귀다'의 '사'를 4로 보고, 4보다 낮은 숫자인 3을 써서 '3귀다'라고 표현하여 친밀도를 나타낸 것입니다.

6. 알부자 / 갑통알 / 빠태

'알부자'는 신조어가 아니잖아, 하시는 분들 계시죠? 하지만 여기서 말하는 '알부자'는 '겉보기와 달리 실속 있는 부자'를 뜻하는 말이 아닙니다. 오히려 그 반대되는 개념이에요. '알바로 부족한 자금을 채우는 사람'을 뜻하는 약간은 속상한 표현이죠. 항상 돈이 부족해서 알바^{아르바이트}를 해야 하는 청년들이 겪는 아픔이 담긴 말이에요.

'갑통알'도 역시 알바와 관련된 줄임말인데요. '갑자기 통장을 보니 알바해야겠다'는 뜻입니다. 통장 잔고가 얼마 남지 않았을 때 쓰는 말이죠. 에고고, 저도 자주 쓰는 말입니다.

'빠태'는 '빠른 태세 전환'을 뜻하는 표현입니다. 한때 '우르디^{우디르}급 태세 전환', '탈룰라급 태세 전환'이라는 말도 썼죠. 무언가를 비아냥거리다가 상황을 제대로 알고는 단박에 칭찬을 하는 모습을 두고 쓰는 표현이에요.

7. 쫌쫌따리

'닭발에 붙어 있는 매우 적은 양의 살'을 표현하면서 만들어진 신조어로서 '아주 작고 하찮은', '조금씩'이라는 의미를 갖고 있습니다. 재테크에 관심이 많은 주식·코인 투자자를 비롯하여 다양한 상황에서 널리 쓰입니다. 온라인 쇼핑몰에서 물건을 '쪾쪾따리' 파는 사람, 앱테크를 통해서 적은 돈을 '쪾쪾따리' 모으는 2030세대 등……. 이 단어가 과연 어디까지 사용 가능할지 기대가 되네요.

8. 딘딘하다 / 홍반꿀

이 두 신조어는 특히 주식·코인 투자자들 사이에 자주 쓰이는 '재테크 용어'인데요, 경제 지식 정보를 표방한 〈개미는 오늘도 뚠뚠〉이라는 예능 프로그램에 출연하는 연예인 딘딘씨와 노홍철씨로 인해 만들어졌습니다. 이들의 행동과 결과가 빚어내는 특이한 현상을 두 사람의 이름에 빗대어 표현한 거죠. '딘딘하다'는 주로 단타를 하는 딘딘씨에 의해서 만들어진 말로, '주식에서 단타 매매를 할 때 손해를 본다'는 뜻으로 쓰입니다. 그리고 '홍반꿀'은 '노홍철 반대로만 하면 꿀이다'라는 뜻으로, 노홍철씨가 하는 것의 반대로만 하면 이득을 본다는 의미가 담겨 있죠. 방송 프로그램에서 나온 신조어이지만, 투자자들의 이익과 어느 정도 연결되기 때문에 통용되지 않았을까 하는 생각이 드네요.

9. 전번이 뭐야? / 톡디가 뭐야?

'전번'에 대해서는 모르는 분이 거의 없을 거예요. '전화번호'의 줄임말이죠. 그러면 '톡디'는 무엇일까요? 바로 '카카오톡 아이디'입니다. 이걸 줄여서 '톡디'라고 표현해요. 요즘 1020세대는 전화번호가 뭐냐고 안 물어보고 톡디가 뭐냐고 물어본다죠. 바로 응용해서 썸 탈 때나 관심 있는 사람한테 써먹어 보세요.

4장

알아 두면
피가 되고 살이 되는
우리말 상식

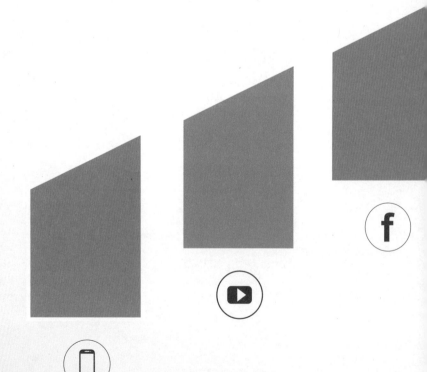

달걀 vs 계란

어떤 마트에는 '달걀'이라고 표시돼 있고, 어떤 마트에 가면 '계란'이라고 표기하죠. 달걀과 계란은 어떤 차이가 있고, 무엇이 틀린 걸까요?

의미상의 차이도 없고, 둘 다 맞는 단어입니다. 굳이 차이를 따진다면, '달걀'은 순우리말이고, '계란鷄卵'은 한자어라는 거예요.

달걀은 '닭'과 '알'이 합쳐져서 '닭알'이 되었다가 다시 '달걀'로 변한 거고, '계란'은 '닭 계鷄'와 '알 란卵'이 합쳐진 말이에요.

단, 우리말에는 쓰임의 우선순위가 있습니다.

대체할 수 있는 외래어는 우리말로 순화해서 쓰고,

대체할 수 있는 한자어는 고유어로 대체해서 사용한다.

계란이 틀렸다고 할 수는 없지만, 그래도 달걀이라는 고유어가 있으니, 달걀을 우선적으로 사용하는 게 좋겠죠?

- 125 -
야채 vs 채소

어떤 예능 프로그램에서 누군가 "야채 많이 먹어."라고 말했는데, 자막에는 "채소 많이 먹어."로 바뀌어서 나온 적 있어요. 응? '야채'가 틀린 말이어서 '채소'로 바꾸어서 썼나?

옳고 그르고를 따지기 전에 먼저 야채와 채소의 사전적 의미를 살펴봅시다.

야채 : 들에서 자라는 나물 / 채소를 일상적으로 이르는 말

채소 : 밭에서 기르는 농작물

군이 차이를 찾자면, 야채는 들에서 자라는 야생적 의미가 강하고, 채소는 밭에서 의도적으로 기른 의미가 더 강하다는 거죠. 하지만 야채의 사전적 의미에 '채소를 일상적으로 이르는 말'이라고 표기되어 있기 때문에 군이 구분해서 쓰지는 않는 거예요.

그럼 왜 방송에서는 '야채'를 '채소'로 바꾸어서 쓴 걸까요?

야채가 일본식 한자어에서 유래했다는 말이 있었기 때문입니다. 하지만 이건 정확한 이야기는 아니에요. 국립국어원에서도 야채가 일본식 한자어에서 유래했다는 자료는 아직 확인되지 않았다고 밝히고 있습니다. 그러니까 채소든 야채든 크게 고민하지 말고 써도 된다는 거죠.

오래동안 vs 오랫동안

너를 (오래동안/오랫동안) 못 봐서 그리움이 점점 커져.

정답을 먼저 말씀드리면 '오랫동안'입니다. '시간상으로 썩 긴 동안'이라는 뜻으로, '오래'와 '동안'이 합쳐진 단어죠. '오랫동안'의 '동안'이 [똥안]으로 발음되기 때문에 사이시옷이 들어간다는 사실을 짐작할 수 있는데도 '오래동안'이라고 잘못 쓰시는 분들이 꽤 많은 것 같습니다.

《1분 우리말》독자님이라면 사이시옷에 대해서 어느 정도 알고 계실 텐데요. 25번 글에서 설명하고 있듯이, 합성어일 때 두 단어가 모두 순우리말이고 앞단어가 모음으로 끝난다면 사이시옷이 들어갑니다.

오래+ㅅ+동안 → 오랫동안

'오랫동안'을 '오랜동안'으로 쓰기도 하는데, '오랫동안'이라고 표기하는 것이 정확하니까, 주의하도록 해요.

당기시요 vs 당기시오

상점이나 건물에서 문을 열 때 손잡이 부분에 꼭 붙어 있는 게 있죠. 바로 '당기시오'와 '미시오'입니다. 그리고 군대 같은 조직에서 상관에게 말할 때는 반드시 '~ 하십시오.'라고 표현을 합니다.

그런데 발음은 [당기시요], [미시요], [하십시요]인데 왜 굳이 '~오'로 적는 걸까요?

〈1988년 맞춤법 개정〉때 규정과 원칙을 다시 정리하면서 종결형 어미는 '~요'로 발음되더라도 '~오'로 표기하는 것으로 개정했다고 합니다. 발음과 표기가 달라서 헷갈릴 수 있으니 주의해야겠죠.

다만 '아니오'와 '아니요'는 둘 다 사용합니다. 다만 사용하는 상황이 달라요.

이건 내 물건이 아니오.

아니요, 아직 못 먹었습니다.

'아니오'는 어떤 사실을 부정할 때 쓰고, '아니요'는 질문에 부정이나 반대하는 대답을 할 때 사용합니다. '아니요'의 준말은 '아뇨'입니다.

옛날에는 '새로와', '가까와'라는 말을 썼다고?

앞서 이야기한 〈1988년 맞춤법 개정〉 때 많은 단어들이 변화를 겪었습니다. '새로워', '가까워' 등의 단어도 1988년 이전에는 '새로와', '가까와' 등으로 표기했는데, 이는 앞선 모음의 양성·음성 여부에 따라 뒤에 따라오는 모음이 영향을 받은 모음조화 현상 때문이었습니다. 과거에는 모음조화 현상을 까다롭게 따졌지만 1988년 이후로는 달라진 것이죠.

새로(ㅗ, 양성)+와(ㅘ, 양성) ← 모음조화 [1988년 이전]

더러(ㅓ, 음성)+워(ㅝ, 음성) ← 모음조화

〈1988년 맞춤법 개정〉 때 앞선 모음이 양성이라 하더라도 뒤에 따르는 모음의 소릿값이 '~워'라고 자연스럽게 발음되는 것을 인정하고 이를 표기에도 적용한 것입니다. 바꾸길 잘했다는 생각이 들기는 하지만, 지금 쓰는 표기들이 20년 후에는 어색하게 여겨질지 어떨지 궁금해지네요.

'있읍니다', '했읍니다'는 이제 안 써요

〈1988년 맞춤법〉 개정 전까지는 '~읍니다'와 '~습니다'를 상황에 맞추어 모두 사용했습니다. 하지만 1988년 이후로 '~습니다'로 표기가 통일이 되었죠. 그러다 보니 어르신 세대 중에는 '~읍니다'로 표기하시는 분도 더러 있습니다.

이럴 때는 "틀렸어요."라고 매몰차게 말하지 말고, "바뀌었어요."라고 부드럽게 알려 드리는 것이 좋겠지요?

- 130 -
복숭아뼈 vs 복사뼈

과연 썸남이 틀렸다고 지적해서 썸녀가 감점을 준 걸까요? 그보다 먼저 '발목 부근에 툭 튀어나온 뼈'를 가리키는 단어로는 '복숭아뼈'와 '복사뼈' 중에 무엇이 맞는지 알아봐야겠죠? 두두두둥~. 정답은 '둘 다 맞다'입니다.

'복숭아뼈'는 원래 표준어가 아니었다가 2011년에 표준어로 인정되었습니다. 그전에는 '복사뼈'만을 표준어로 인정했지만, 지금은 둘 다 사용 가능합니다.

표준어가 아니었다가 표준어로 인정된 단어들이 많은데요, 대표적으로 '이쁘다(예쁘다)', '굽신거리다(굽실거리다)', '삐지다(삐치다)' 등을 들 수 있습니다.

이렇게 새롭게 등장한 신조어나 비표준어도 널리 쓰이다 보면 나중에 표준어로 인정될 수 있습니다. 여러분이 자주 쓰는 단어 중에 표준어로 인정받았으면 하는 단어가 있다면, 앞으로 더욱더 자주 쓰도록 해요.

땡깡, 찐따는 일본어의 잔재

우리가 일상적으로 쓰는 말에는 일본어의 잔재가 많습니다. 그중에서도 특히 의미가 나빠서 쓰면 안 되는 말들을 다룰까 해요.

먼저 '땡깡'입니다. "야, 땡깡 좀 그만 부려라!"라는 말은 다들 한번쯤은 써 보셨을 텐데요, '땡깡'은 뇌전증을 일컫는 한자어인 전간顚癇을 일본어로 발음한 '텐칸てんかん'에서 비롯되었는데, '간질', '발작하듯 행패를 부리다'라는 뜻입니다. 여기서 나아가 과거 일본인이 조선인과 뇌전증 환자를 비하하는 단어로 쓰이기도 했습니다. '생떼', '억지', '막무가내' 등 우리말이 있으니, 사용하지 말아야겠죠.

'찐따' 역시 일상적으로 많이 쓰는 말인데요, 그 어원은 '절름발이', 다리 길이가 다른 장애인을 일컫는 '짝짝이'를 뜻하는 일본말 '찐바ちんば'라는 것이 정설입니다.

그 말이 어디에서 유래했는지, 뜻이 무엇인지도 모르면서 마구잡이로 쓰다 보면 우리의 인격도 훼손될 거예요. 바르고 고운 말을 써서 우리의 인격도 지키고, 상대를 존중하는 마음을 드러내도록 해요.

~했을걸 vs ~했을껄

발음이 [껄]이니까, 쓰는 것도 '껄'로 하면 좋지 않을까, 하는 생각
이 드는 말입니다. [밥 먹을께], [게임할께]와 같이 된소리가 나는 단
어들은 표기할 때 헷갈릴 수 있으니까요.

이 단어들은 〈1988년 맞춤법 개정〉 전에는 모두 사용 가능했습니
다. 하지만 이후로 의문형 '-ㄹ까'를 제외한 '-ㄹ께', '-ㄹ쑤록', '-
ㄹ껄'이 모두 된소리가 빠진 '-ㄹ게', '-ㄹ수록', '-ㄹ걸'로 바뀌었어
요. 그래서 '~할게', '~했을걸' 등으로 표기하고 있죠.

의문형 '-ㄹ까'는 바뀌지 않았으니, "밥 먹을가?", "게임할가?"로
쓰면 틀리는 거예요.

[1988년 이전]

· 나는 이걸로 할께.

· 돈은 많을쑤록 좋아.

· 그 사람이 안 했을껄.

[1988년 이후]

· 나는 이걸로 할게.

· 돈은 많을수록 좋아.

· 그 사람이 안 했을걸.

'돈지랄'이 표준어라고?

너, 그렇게 돈지랄하다가는 쫄딱 망한다.

'지랄'이라는 단어는 '마구 법석을 떨며 분별없이 하는 행동을 속되게 이르는 말'로 표준어입니다. 여기에 '돈'을 붙여서 '돈지랄'이라고 하면 '분수에 맞지 않게 아무 데나 돈을 함부로 쓰는 짓'이라는 뜻을 갖는데, 놀랍게도 '돈지랄' 역시 표준어입니다.

"나, 선글라스 샀어."
"돈지랄하네."

위의 대화가 지극히 정상적인 표현이라는 거죠.
비슷한 느낌의 단어가 하나 더 있습니다. "집 나가면 개고생이야."라고 할 때의 '개고생'인데요, 접두사 '개-'와 '고생'이 결합한 단어로 '어려운 일이나 고비가 닥쳐 톡톡히 겪는 고생'이라는 뜻의 표준어입니다. 개꿀, 개이득, 개좋다도 그냥 표준어로 만들어 주면 안 되나?

결제 vs 결재

사회생활 잘하고 싶은 사람 모여라~. '결재'와 '결제' 완벽하게 구분하기! 빠밤~ ♫

회사 다니다 보면 이것저것 서류 올릴 게 많죠? 그때마다 하는 말.

부장님, 서류 결재 좀 부탁드립니다.

이럴 때는 '결재'를 쓰는 게 맞아요. '결재'는 '결정할 권한이 있는 상관이 부하가 제출한 안건을 검토하여 허가하거나 승인함'을 뜻합니다.

반면 우리가 일상생활에서 자주 쓰는 "오늘 밥은 내가 결제할게."라고 말할 때는 '결제'라고 쓰는 게 맞죠. '결제'는 '돈을 주고받아 거래 관계를 끝맺음'이라는 뜻이거든요.

그런데도 막상 쓰려고 하면 '결재'인지 '결제'인지 헷갈릴 때가 많을 텐데요, '결제'는 경제 활동과 관련이 있으니까 '제'를 쓴다고 생각하면 앞으로 제대로 쓸 수 있을 거예요. 서류 관련해서는 '결재'라고 쓰고요.

여름에 겨땀 나는 분들 필독!

나는 겨땀이 많아서 여름에는 옷을 자주 갈아입어야 해.

많은 분들이 '겨드랑이 땀'을 줄여서 '겨땀'이라고 하죠. 이렇게 말하면 다들 알아듣기는 하지만, 그래도 제대로 된 표현은 아니란 것쯤 아실 거예요. 적절한 단어가 있으면 좋으련만……

그런데 실제로 겨드랑이 땀을 뜻하는 단어가 있습니다. 그것도 생김새와 모양까지 비슷해요! 바로 '곁땀'입니다. '겨드랑이에서 나는 땀'을 뜻하는 단어인데, 아마도 모르는 분이 꽤 있을 거예요.

앞으로는 '겨땀' 말고 "너 곁땀 났어."라고 말해 주세요.

장애인의 반대말은?

말은 그 사람의 인격을 드러냅니다. 뜻을 제대로 알고 바른 말을 써야 하는 이유죠.

장애인의 반대말을 알고 있는가요? 장애인의 반대말이 뭐냐고 물으면 대부분의 사람이 일반인 또는 정상인이라고 답해요. 하지만 장애인의 반대말은 '비장애인'입니다.

'일반인'과 '정상인'이라는 말은 가급적 쓰지 말아야 해요. 신체적 장애를 갖고 있지 않은 사람을 '정상인'이라고 부른다면, 장애인을 '비정상인'으로 간주하는 것과 마찬가지예요. 또 장애가 없는 사람을 '일반인'이라고 한다면 장애인은 '비일반인'이 되어 버리는 거죠.

1980년대 이전에는 심지어 장애인을 '장애자'라고 낮추어 부르기도 했습니다. 단어의 변화에서 차별을 없애 나가고자 하는 의지가 엿보이죠?

내가 쓰는 단어 하나하나가 나의 위치를 만든다는 사실, 꼭 잊지 마세요.

개발 vs 계발

‘자기 개발’과 ‘자기 계발’ 중에 무엇이 맞을까요? 둘 다 옳은 표현입니다. 단, ‘개발’과 ‘계발’은 뜻이 비슷하기는 해도 의미에 미묘한 차이가 있고 범위도 달라요.

‘개발’은 토지 따위를 쓰기 좋게 만들거나 환경을 개선하고 신제품을 생산하는 등에 쓸 수 있습니다. 그리고 ‘지식이나 재능을 보다 발달시킴’이라는 의미도 포함합니다. 반면에 ‘계발’은 ‘지식이나 재능을 일깨움’이라는 뜻만 있어요. 그러니까 ‘경제 5개년 개발 계획’이나 ‘아파트 개발’이라고는 써도 ‘경제 5개년 계발 계획’, ‘아파트 계발’이라고는 쓰면 안 되는 거죠.

그리고 ‘개발’은 ‘이미 보유하고 있는 능력을 발전시키는 것’이고, ‘계발’은 ‘없는 능력을 일깨워서 발현시키는 것’을 뜻해요. 여러분의 영어 실력으로 예를 들어 볼까요. “나는 그래도 기본은 알고 있으니까 중급이나 고급반에 들어갈 거야.”라고 하면 영어에 대한 능력이 있는 상태에서 더욱 발전시키는 것이기 때문에 ‘개발’이 맞습니다. 반면에 “나는 진짜 ABCD도 몰라서 처음부터 시작해야 해.”라고 한다면 없는 영어 능력을 일깨우고 싶다는 뜻이니까 ‘계발’을 써야 하죠. 그러니까 ‘본인이 가진 현재의 어떤 능력’을 기준으로 판단하면 됩니다.

자주 헷갈리지만 정확하게 알아 두면 나중에 아는 척할 때 유용할 거예요.

할푼리

　야구 좋아하시는 분들은 '할푼리'가 무엇인지 다들 아실 거예요. 그런데 그 유래에 대해서도 알고 계신가요?

　본래 중국에서는 1/10을 분分, 1/100을 리釐/厘, 1/1,000을 호毫라고 했다고 해요. 그런데 일제 강점기를 거치면서 일본에서 1/10을 표현하는 '할割'을 도입하면서 기존의 '분리호'가 하나씩 뒤로 밀리게 되었습니다. 이렇게 해서 '할분리'가 된 거죠.

　그런데 '할분리'라고 하면 발음이 다소 어색하죠? 그래서 '할분리', '할불리'라고 하다가 편하게 '할푼리'로 바뀌었다고 합니다.

　앞서 말했듯 분은 본래 1/10을 뜻하기 때문에 "능력을 십분 발휘했다."라고 하면 능력을 100% 보여 주었다는 뜻이고, 또 '분'이 '부'로 변형되어 8부 바지, 2부 이자 등의 표현도 생겨났습니다.

봉안당 vs 납골당

명절이나 기일에 꼭 들르는 곳이 '납골당' 혹은 '봉안당'입니다. 사실 평소에 '봉안당'보다는 '납골당'이라는 말을 많이 쓰지만, 이제는 '봉안당'이라고 하는 것이 좋습니다.

'납골당'은 일본식 표현입니다. '납골納骨'은 죽은 이의 '뼈'를 부각시키는 단어입니다. '납골당'이라는 말 자체가 잘못된 것은 아니지만, 화장으로 장례를 치르는 것에 대한 부정적인 의미를 담고 있죠. 그래서 '납골당'이라고 사전에서 검색하면 '예전에 봉안당을 이르던 말'이라는 설명이 나옵니다.

반면에 '봉안당'은 '받들 봉奉', '편안할 안安', '집 당堂'을 써서 '신성한 존재를 안전하고 편안하게 모시는 집'이라는 뜻으로, 고인에 대한 공경의 의미를 담고 있죠.

앞으로 명절에 누가 "납골당 가자."고 하면 '봉안당'이라는 말로 순화해야 한다는 사실쯤은 알려 주는 게 좋을 것 같네요.

에 vs 의

조금 설렜다가도 썸 타는 사람이 이거 틀리면 오만 정이 다 떨어진다는 '에'와 '의'를 구분해 봅시다!

먼저 '의'를 알아볼까요? '의'는 '뒤에 오는 단어가 앞에 있는 단어에 소유되거나 소속됨을 나타내는 격 조사'입니다. 이외에도 쓰임새가 더 있지만, 이것만 알아도 헷갈릴 일은 없을 거예요.

우리의 소원은 통일. / 엄마의 손맛은 잊을 수가 없어.

물의 온도가 100도가 되면 끓기 시작해.

위 문장들에서 '소원', '손맛', '온도'는 각각 '우리', '엄마', '물'에 소속되어 있어요.

그런데 한 번 저 문장들을 소리 내서 읽어 볼까요? '의'가 [에]로 발음된다는 걸 알 수 있을 거예요. 그래서 '에'와 '의'를 헷갈리는 거죠.

'에'는 앞말이 '처소·시간·진행 방향·원인의 부사어임을 나타내는 격 조사'에요. 예를 보면 바로 이해될 거예요.

너의 옷에 먼지가 묻어 있어. (처소)

나는 아침에 밥 먹기 전에 꼭 양치질을 해. (시간)

그는 그녀의 집에 갔다. (진행 방향) / 네가 떠드는 소리에 깼잖아! (원인)

깊이 들어가면 머리 아프니까, 이 정도만 알아 두기로 해요.

잊다 vs 잃다

나 핸드폰 (잊어버렸어/잃어버렸어).

나 핸드폰 갖고 나오는 걸 (잊어버렸어/잃어버렸어).

두 문장에 맞는 답은 각각 '잃어버렸어'와 '잊어버렸어'입니다. 둘 다 핸드폰을 어떻게 했다는 건데, 왜 사용하는 단어가 다를까요?

'잃다'는 갖고 있던 것이 없어졌을 때 씁니다. 그러니까 내가 갖고 있던 핸드폰이 없어졌을 때는 '잃어버리다'가 맞죠.

'잊다'는 기억해야 할 것을 잠깐 떠올리지 못할 때 쓰는 단어입니다. 핸드폰을 갖고 나오려고 했는데 깜빡하고 안 갖고 나온 거니까 '잊어 버리다'가 맞는 거죠.

참고로 '잃어버리다'와 '잊어버리다'는 한 단어이기 때문에 붙여서 쓴다는 점, 기억해 두세요.

'물건은 잃다', '기억은 잊다' 이렇게 외웁시다.

쉬워 보이지만 어려운 발음 이야기

우리말은 발음을 주의해야 하는 단어가 꽤 많습니다. 표기와 발음이 달라지는 경우가 많기 때문이죠. 특히 두 개의 단어가 합쳐져서 하나의 단어를 만들 때 사잇소리 현상이 일어나게 되는데, 이때 표기와 발음이 달라지는 거예요.

이번에는 일상에서 자주 쓰기 때문에 발음을 더 조심해야 하는 몇 가지 단어에 대해서 알아보겠습니다.

1. 건수

'건수'는 물건이나 사건을 뜻하는 '건件'과 셈을 뜻하는 '수數'가 합쳐져서 '사건이나 물건의 가짓수'를 뜻하는 합성어입니다. 뜻을 보면 '물건의 수', '사건의 수'와 같이 물건과 사건이 '수'를 꾸미고 있죠? 앞 단어가 뒤 단어를 꾸미는 관계에 있는 합성어의 경우에는 사이시옷이 없더라도 사이시옷이 있는 것과 같은 효과를 내어 뒤 단어의 첫소리인 'ㄱ, ㄷ, ㅂ, ㅅ, ㅈ'을 된소리로 발음해야 한다는 규칙이 있습니다. 그래서 '건수'는 [건쑤]로 발음해야 하는 거죠.

비슷한 경우로 발바닥[발빠닥], 문고리[문꼬리], 눈동자[눈똥자] 등이 있습니다.

많은 분들이 '건수'를 [껀수]로 발음하는데, 정확한 발음은 [건쑤]

라는 점, 기억합시다.

2. 불법

야, 빨간 불일 때 건너는 건 불법이야!

일상에서 참 많이 쓰는 단어죠? 불법 행위, 불법 카메라, 불법 유턴…….

'불법'의 원래 발음은 [불법]이었습니다. '불不'과 '법法'이 각각의 단어여서 합성어라면 사잇소리 현상이 나타나야 하지만, '불' 자체만으로는 '아니다'라는 형용사로 볼 수가 없어서 '불법'은 합성어가 아닌 거죠. 그래서 [불법]이라고 발음하는 게 맞습니다.

하지만 워낙 많은 사람이 [불뻡]이라고 발음하면서 [불법]과 [불뻡] 둘 다 맞는 발음으로 인정하게 되었습니다. 그렇지만 뉴스를 진행하는 아나운서들은 여전히 '불법'을 [불법]이라고 발음하는 걸 확인할 수 있을 거예요.

3. 안간힘

이것 알면 당신은 아나운서급이에요.

"이거 해내려고 정말 안간힘을 다했어."에서 '안간힘'은 어떻게 발음해야 할까요?

자, 앞에서 공부한 걸 되새겨 봅시다. 제각각 뜻을 가진 두 개 이상의 단어가 합쳐져서 만들어진 단어는 무엇? 합성어죠. 합성어에서 앞말이 뒷말을 꾸미는 관계에 있을 때는 사잇소리 현상이 나타난다고 했죠. 그래서 뒷말의 첫소리가 'ㄱ, ㄷ, ㅂ, ㅅ, ㅈ'이면 된소리로 발음해야 합니다.

그럼 '안간힘'은 합성어일까요? 예, 합성어가 맞습니다. '안'과 '간힘'이 붙어서 만들어진 단어예요. '간힘'은 '숨 쉬는 것을 억지로 참으며 고통을 견디려고 애쓰는 힘'이라는 뜻을 갖고 있어요. 하지만 '안'은 어떤 의미로 붙었는지 알 수가 없습니다. 다만 '안'이 과거에 어떤 의미를 지닌 단어였을 것이라고 여기고 '안간힘'을 합성어로 규정한 거예요. 그렇다면 사잇소리 현상이 일어나겠죠? 그래서 '안간힘'의 옳은 발음은 [안깐힘]입니다.

하지만 이 단어 역시 많은 사람들이 [안간힘]으로 발음하면서 [안간힘]도 표준 발음이 되었어요. 그래도 아나운서들은 방송을 진행하면서 원래 발음인 [안깐힘]이라고 하니까, 아나운서처럼 말하고 싶다면 [안깐힘]이라고 하는 게 좋겠죠?

5장

알아 두면
유식해 보이는
외래어 표기법

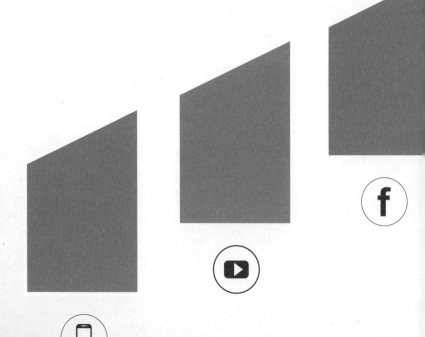

셰이크 vs 쉐이크

회원님, 운동 끝나시면 30분 내로 단백질 (셰이크/쉐이크) 꼭 챙겨 드세요.

우리는 너무나 당연하게 '쉐이크'로 알고 있습니다. 왜냐하면 한때 국내에서 난리였던 '쉐이크쉑 버그' 때문이지요.

'쉐이크' 아니고 '셰이크'가 맞습니다. 외국어를 표기할 때도 〈외래어 표기법〉에 따라 써야 하기 때문이에요.

그래서 '미쉘'이 아니라 '미셸'이고, '쉐퍼드' 아니고 '셰퍼드'예요. 그리고 사실 '쉐이크쉑'도 엄밀히 '셰이크셱'으로 쓰는 게 맞다고 봐요.

하지만 이미 잘못된 표현이 마치 고유명사처럼 굳어져서 널리 사용되는 것들이 몇 개 있는데요, '미니쉘', '쉐보린', '포르쉐', '미쉐린' 등과 같이 브랜드 이름으로 잘못된 표기가 등록된 경우죠.

이처럼 고유명사로 굳어진 브랜드 이름이 아니라면 외국어를 우리말로 적을 때 '쉐'를 쓸 일은 없다는 것! 다만 중국어 발음 가운데 몇 개 정도는 '쉐'라고 표기한다고 하네요. 앞으로 유의해서 씁시다.

- 144 -
파이팅 vs 화이팅

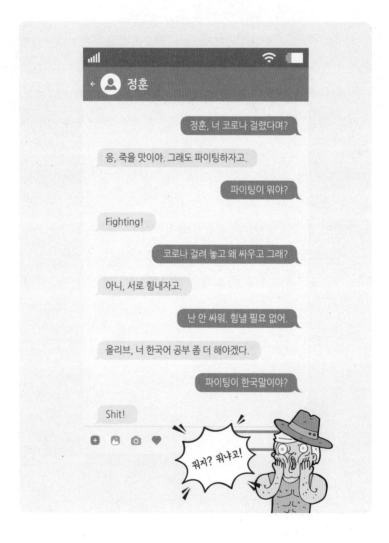

정훈, 너 코로나 걸렸다며?

응, 죽을 맛이야. 그래도 파이팅하자고.

파이팅이 뭐야?

Fighting!

코로나 걸려 놓고 왜 싸우고 그래?

아니, 서로 힘내자고.

난 안 싸워. 힘낼 필요 없어.

올리브, 너 한국어 공부 좀 더 해야겠다.

파이팅이 한국말이야?

Shit!

뭐지? 뭐냐고!

누군가를 응원하면서 '파이팅'이나 '화이팅'이라는 말을 안 쓰기는 힘들죠? 그만큼 우리의 일상에 깊이 파고든 말입니다. 그런데 '파이팅'이 맞을까요, '화이팅'이 맞을까요? '파이팅'이 맞습니다.

'파이팅'은 영어 fighting을 우리말로 표기하는 건데 f 발음은 'ㅍ'으로 표기하는 것으로 규정하고 있어요. 1990년대에 태어난 분들까지는 기억하실 텐데, 혹시 훼미리 마트 아세요? Family Mart를 훼미리 마트라고 표기한 건데, 이것도 패밀리 마트가 맞는 거죠.

그리고 '파이팅'이든 '화이팅'이든 영어권 국가에서 fighting이라는 단어를 '힘내라'라는 뜻으로 쓰지는 않는다는 사실을 아시나요? fighting을 직역하면 '싸우는 중'인데, 이게 응원의 의미가 될 수는 없는 거죠. 그래서 케이팝을 통해 한국 문화를 접한 외국인들은 '파이팅'을 아예 한국말로 알고 있다고 해요.

원래 '파이팅'은 사전에 등재되지 않았다가 2020년에서야 표준국어대사전에 실렸고, 이제는 표준어로 인정하고 있습니다.

- 145 -
세리머니 vs 세레모니

축구를 보는 또 하나의 재미가 바로 골 '세리머니'입니다. 화제가 될 만한 골 세리머니가 나온 다음날 인터넷 기사를 찾아보면 표기가 참으로 다양합니다. 세리머니, 세레모니, 세레머니, 세리모니 등등. 이 수많은 표기 가운데 국립국어원이 올바른 것으로 정한 것은 '세리머니'입니다.

하지만 '파이팅'이 콩글리시이듯 '세리머니' 역시 잘못 쓰이고 있다는 사실을 알고 있나요? ceremony는 '개회식, 의식'이라는 뜻이기 때문에 축구 선수들이 골을 넣고 나서 하는 행동을 '세리머니'라고 할 수는 없습니다.

정확한 표현은 '골 셀레브레이션'입니다. celebration은 '축하'라는 뜻으로, goal celebration은 '득점 축하'로 해석할 수 있죠. 외국인 선수한테 "골 세리머니 멋지게 해 주세요." 하면 절대로 못 알아듣습니다.

'골 세리머니'가 이제는 익숙한 표현으로 자리 잡기는 했지만, 그래도 조금 더 정확하게 사용하려면 '골 셀레브레이션'이라고 표현하는 것이 더 좋겠죠?

렌터카 vs 렌트카 vs 렌털카

공항에 가서 차를 빌리려면 표지판을 따라 가야 하는데요, 혹시 표지판을 유심히 본 적 있나요?

(렌터카/렌트카) 셔틀버스 타는 곳

눈썰미 좋은 분이라면 정답을 자신 있게 외칠 수 있을 겁니다. 정답은 '렌터카'입니다. 'rent a car'를 빨리 자연스럽게 읽으면 '렌터카'가 되기 때문인데요, 'rent car'라고 쓰지 않기 때문에 '렌트카'가 아니라 '렌터카'가 옳은 표기인 거죠.

하지만 외국에서는 '임대하는 차'를 말할 때 'rental car'라는 표현을 씁니다. 우리나라에서는 과거부터 '렌털카'보다는 '렌터카'라는 말을 더 많이 써서 국립국어원에서도 '렌터카'를 표준어로 등록한 것입니다.

외국에서 차를 빌리고 싶다면 'rental car'라고 말해야 하지만 우리나라에서는 '렌터카'가 맞다는 것!

플래카드 vs 플랜카드

입시철이 지나고 나서 학교 정문 앞에 '축 ㅇㅇㅇ 합격'이라고 커다 랗게 적혀 있는 천을 본 적 있죠? 이걸 현수막이라고 합니다. 특히 선 거철이 되면 후보들이 자신을 알리느라 길거리 곳곳에 자기 얼굴이 박힌 현수막을 내걸고는 하죠.

현수막을 영어로 표현할 때 '플래카드', '플랜카드', '플랭카드' 등으 로 부르는데, 이 가운데 옳은 표현은 '플래카드' 하나뿐입니다.

영어 단어 placard를 보면 어디에도 'ㄴ'이나 'ㅇ' 소리가 날 만한 알 파벳이 없어요. 그래서 그냥 생김새 그대로 '플래카드'라고 발음하는 게 맞습니다. 추측해 보자면, 사람들이 그저 익숙하고 발음하기 편한 대로 '플랜카드'로 잘못 사용한 게 아닌가 싶어요.

'플래카드'가 옳은 외래어 표기이기는 하지만, '현수막'이라는 우리 말이 있으니 가급적이면 우리말로 순화해서 쓰는 게 좋겠죠?

(프러포즈/프로포즈) 안 하고 결혼하면 평생 서운하다는 소리 듣기 때문인지 요즘에는 각종 이벤트에 혈안이 된 듯합니다. 그래도 청혼이나 고백을 하기 전에 외래어 표기법부터 확인해야겠죠.

propose의 영어 발음은 [프뤄포즈]로 [프러]와 [프로] 그 어딘가의 사이에 있습니다. 하지만 국립국어원에서는 외래어 표기법을 바탕으로 '프러포즈'라고 규정하고 있어요. 그래서 '프로포즈'라고 검색하면 애초에 '프러포즈의 비표준어'라는 결과가 뜬답니다.

하지만 '프러포즈' 말고 순화할 수 있는 우리말이 있죠? 바로 '청혼', '고백' 등입니다. 왠지 모르게 '청혼'한다고 하면 고전적인 느낌이 들고 '프러포즈'는 세련된 느낌이 있기는 하지만, 그래도 순화어가 있다는 사실은 기억해 두도록 해요.

4딸라 / 4달라 / 4달러

〈야인 시대〉라는 드라마에서 주먹 출신의 국회 의원인 김두한^{김영}^{철 분}이 미군 부대에서 근무하는 우리나라 노동자의 임금을 협상하면서 소리치는 장면은 아직도 인터넷상에서 밈으로 돌아다닙니다. 이때 김두한이 막무가내로 외치는 소리. "4딸라!" 이전까지 우리 노동자의 임금은 1달러였다고 해요.

한글은 이 세상의 거의 모든 소리를 표기할 수 있는 뛰어난 문자입니다. 그래서 귀에 들리는 대로 외국어를 표기하다 보면 혼란이 생길 수도 있겠죠? 이러한 혼란을 방지하기 위해 〈외래어 표기법〉을 두어 외래어를 한글로 표기하는 표준을 정한 거죠.

〈외래어 표기법〉에 따르면 '파열음 표기에는 된소리를 쓰지 않는다'고 규정하고 있습니다. 된소리는 쌍기역, 쌍시옷 등의 자음이죠. 그래서 'ㄲ, ㄸ, ㅃ, ㅆ, ㅉ'은 외래어에 쓸 수 없어요. '딸러'는 '달러'로, '까페'는 '카페'를 표준어로 정하고 있어요.

"4딸라!"라고 하면 떼를 쓰는 데는 먹힐 것 같지만, 그래도 "4달러!"라고 쓰기로 해요.

- 150 -
초콜릿 vs 초콜릿

썸남

일분 씨, 택배 보내셨어요?

발렌타인데이잖아요.
그래서 우리 씨 좋아하는 초콜릿을 듬뿍.

정떨어지기 전에 스톱!

쵸콜렛인가?

그래도 넉넉하게 보내셨으니,
감점은 없는 걸로 할게요.

어이쿠, 감사합니다용.

아, 부자가 된 것 같아.

자, 외래어 표기법을 공부하기 시작했으니, 이것마저 알아 둡시다.

외래어 표기의 받침에 쓸 수 있는 자음은 따로 있다는 사실!

〈외래어 표기법〉에는 외래어를 표기할 때 받침에 쓸 수 있는 자음을 정리해 두었는데요, 'ㄱ, ㄴ, ㄹ, ㅁ, ㅂ, ㅅ, ㅇ'이 7개만 쓸 수 있습니다. 이 자음이 아닌 경우에는 절대로 외래어 표기의 받침에 쓸 수 없는 거죠.

그래서 good은 '굳'이 아니라 '굿'이고요, supermarket은 '슈퍼마켙'이 아니라 '슈퍼마켓'입니다. 그렇다면 chocolate은? '초콜릿'입니다. 종종 마트에 가면 '초콜릳' '쵸코렛'이라고 쓰는 걸 볼 수 있는데 틀린 겁니다.

외래어 표기의 받침에 'ㅍ'이 올 수 없으니까 '팦송'이 아니라, '팝송'이죠. '네일숖'은 '네일숍'이고요, '헤어숖'도 '헤어숍'입니다.

쉬워 보이지만 은근히 까다로운 외래어. 그래도 알고 쓰면 똑똑해 보이겠죠?

- 151 -
껌이 외래어라고?

식후에 입을 청결하게 하기 위해, 또는 그냥 심심해서 자주 애용하는 기호식품, 껌! '껌'은 익숙해서 우리말 같지만 사실은 외래어예요. 바로 영어 gum이 된소리로 발음되는 거죠.

'껌'은 원래 중앙아메리카 원주민 일부가 굳은 나무 수액인 치클을 씹던 것이 1800년대에 미국에 전해져 상품화되었고, 세계 대전을 통해 전 세계로 퍼진 다음에 우리나라에는 주한 미군이 주둔하면서 들어오게 되었습니다. 그리고 1956년에 우리나라의 첫 풍선껌인 〈해태 풍선껌〉이 발매되면서 대중화되었죠.

'껌' 외에도 우리말인 줄 알았는데, 외래어인 단어가 아주 많다는 사실!

- 152 -
시소도 외래어다!

우리말 같아서 자연스럽게 사용하는 단어 중 하나가 놀이터에 있는 '시소' 아닐까요?

영어 seesaw는 '시소', '위아래로 움직이다', '변동하다'라는 뜻을 가진 단어인데, 우리말에 상응하는 단어가 없기 때문에 그냥 '시소' 그대로 사용하고 있습니다. 굳이 따지자면 우리나라의 널뛰기와 비슷하기도 한데 딱 맞는 단어는 아닌 것 같아요.

이처럼 외래어인데도 우리말 같은 느낌을 주는 단어들이 여럿 있는데요, 대표적으로 고구마, 빵, 비닐을 들 수 있습니다.

고구마 : 일본 쓰시마섬의 방언인 고크이모(孝行藷, こうこういも)에서 유래

빵 : 프랑스어 pain, 스페인어 pan에서 유래

비닐 : 영어 vinyl에서 유래

자주 쓰면 좋은 일이 생길 것 같은 순우리말

우리말인 한글이 우수한 이유는 세상의 모든 소리를 표기할 수 있는 과학적 우수성도 있지만, 다양하고 풍부한 표현력 때문이기도 합니다. 물론 그래서 외국인들이 한글을 배울 때 애를 많이 먹고, 우리의 문학 작품을 외국어로 옮길 때도 역시 어려움이 있기는 해요. 특히 우리말의 단어에 담긴 미묘한 차이를 외국인에게 알릴 수단이 없다는 점은 참 아쉽습니다.

이번에는 우리말의 아름다움을 감상하는 시간을 갖도록 할게요. 먼저 노란색을 표현하는 풍부한 어휘를 알아볼까요?

노란색 모음

우리말에는 특히나 색이 가지는 미묘한 차이를 일일이 나타내는 어휘가 많습니다.

노랑/노란색 : 병아리나 개나리꽃의 빛깔과 같이 매우 밝고 선명한 색

진노랑 : 진한 노란 빛깔

연노랑 : 연한 노란색

누런색 : 익은 벼의 빛깔과 같이 어둡고 탁한 노란색

노른색 : 노른자의 빛깔과 같이 밝고 선명한 색

노르다 : 달걀노른자의 빛깔과 같이 밝고 선명하다

노리끼리하다 : 곱지도 짙지도 않게 노르다

노르스름하다 : 조금 노르다

샛노랗다 : 매우 노랗다

싯누렇다 : 매우 누렇다

노릇노릇하다 : 군데군데 노르스름하다

노란색을 표현하는 어휘만 해도 이렇게나 다양합니다. 각각의 어휘가 갖는 색깔의 느낌을 사실 언어로 제대로 표현하기는 힘든 것 같아요.

사흘

돌발 퀴즈! '사흘'은 며칠을 말하는 걸까요? '사흘'이니까 4일이라고 답하는 분이 더러 있을 것 같네요. 정답은 3일입니다.

실제로 방송이나 커뮤니티 등에서 '사흘'이라는 단어를 쓰면 3일인지, 4일인지 혼란이 생겨서 검색어 순위에 오르기도 한다고 해요.

자, '날'을 우리말로 세어 볼까요?

하루, 이틀, 사흘, 나흘, 닷새, 엿새, 이레, 여드레, 아흐레, 열흘

순우리말의 어감이 참 예쁘지 않나요?

달보드레

최근에 카페 이름으로 많이 사용되는 순우리말이에요. 카페 하면 떠오르는 이미지가 달달하고 은은한 향이 나는 음료잖아요? 그 느낌에 딱 맞는 말인 것 같습니다. '달보드레'는 '달보드레하다'라는 형용사의 어간이에요. 뜻은 '약간 달큼하다'예요. '달큼하다'는 '달다'는 뜻으로 '달콤하다'보다 단 정도가 조금 더 강하다는 의미를 품고 있습니다.

맛을 표현하는 신조어로 '단짠단짠', '겉바속촉' 등이 쓰이는데 달콤하다, 달달하다 말고 '달보드레하다'라고 고급지게 표현해 보는 것은 어떨까요?

나르샤

'나르샤' 하면 브라운아이드걸스의 멤버가 제일 먼저 떠오르죠? 언뜻 보면 영어 같지만 '나르샤'는 '날아오르시어'라는 뜻을 가진 순우리말입니다. 드라마 제목인 〈육룡이 나르샤〉는 세종 대왕께서 한글을 반포하고 난 뒤에 편찬한 〈용비어천가〉에 나오는 말인데요, 조선을 건국하는 데 공이 큰 이씨 가문의 선조들을 여섯 마리의 용에 빗대어 '여섯 마리의 용이 날아오르시어'라는 뜻을 가진 표현입니다.

주식이나 코인 투자에서 '떡상'이라는 말을 자주 쓰는데, '내 주식도 나르샤'라고 근사하게 표현해 보는 것도 재미있을 것 같네요.

가온

'가온'은 사람 이름 같기도 하고 사투리 같기도 하죠? 어쨌든 어감이 참 예쁜 것 같아요. 이 단어는 구전되어서 지금도 더러 사용하고 있지만, 표준국어대사전에는 등재되어 있지 않습니다. 대신 '가온머리'가 표준국어대사전의 외전이라 할 수 있는 우리말샘에 등재되어 있습니다.

'가온'은 '가운데'의 방언인 '가온데'에서 나온 말이라는 의견이 많은데요, 그래서 '가온머리'는 '일의 전체 과정에서 중심적인 역할을 하는 사람이나 조직'을 뜻합니다. 학문적으로 검증되지 않은 의견만으로 국어사전에 등재할 수는 없겠지만, '가온'이라는 말 자체가 워낙 예쁘고 뜻이 좋으니까 앞으로 연구와 검수를 진행해서 표준국어대사전에 등재되면 좋겠어요. 그날을 위해 우리도 널리 쓰도록 해요.

잎샘

'잎샘'이란 단어 참 예쁘지 않나요? '봄에 잎이 나올 무렵에 갑자기 날씨가 추워짐'이라는 뜻을 가진 우리말입니다. '꽃샘추위'의 '꽃샘'과 비슷한 의미를 지닌 단어죠.

보통 꽃보다 잎이 먼저 나기 때문에 봄이 시작되고 꽃이 피기 전에 찾아오는 이른 추위를 '잎샘'이라고 부른다고 해요. 꽃이 필 즈음에 따뜻하다가도 갑자기 추위가 닥칠 때 '꽃샘추위'라는 말은 자주 쓰지만, 잎이 필 시기에는 여전히 쌀쌀한 때여서 이때의 추위를 두고 '잎샘'이라고 굳이 말하지는 않는다고 해요. 그래도 말이 워낙 예뻐서 사람의 이름이나 문학 작품에는 더러 사용되고 있습니다.

꽃보라

아, 또 예뻐. '꽃보라'는 '떨어져서 바람에 날리는 많은 꽃잎'을 뜻해요. 눈이 많이 오는 것을 '눈보라'라고 표현하듯이, 꽃잎이 많이 날릴 때면 '꽃보라'라는 말을 입에 올려 보세요. 그러면 내 마음도 한결 청아하고 투명해질 것 같은 느낌이 드네요.

사랑옵다

무슨 뜻인지는 모르지만, 꽤 낭만적인 단어이지 않나요? '사랑옵다'는 '생김새나 행동이 사랑을 느낄 정도로 귀엽다'는 뜻인데요, 썸을 탈 때나 연애 초기에 갖게 되는 감정을 아주 적절하게 잘 표현해 주는 어휘예요. '예쁘다', '아름답다'는 평범한 표현보다는 '사랑옵다'라고 말해 보면 어떨까요? 하는 사람이나 듣는 사람이나 참 설렐 것 같아요.

한별

'한별'은 사람 이름에 자주 쓰이는 순우리말입니다. 연예인 중에도 있고, 주변에도 이런 이름을 가진 분들이 있을 거예요. 뜻은 '큰 별'입니다. '밤하늘에 빛나는 별처럼 훌륭한 사람이 되어라'라는 뜻으로 '한별'이라는 이름을 지어 준다고 해요. '한강'에서도 알 수 있듯이 순우리말 '한'은 '크다'는 뜻을 가지고 있어요.

순우리말이 아닌 '한별恨別'은 '이별을 한스러워함'이라는 뜻이 있습니다.

그루잠

잠깐 잠에서 깨었다가 다시 잠이 드는 것을 무엇이라고 하죠? 선잠? 낮잠? 잠을 표현하는 우리말이 참 많은데요, 여기서 소개할 단어는 '그루잠'입니다. 어감과 뜻이 문학 작품에 잘 어울리네요. 영화나 가수의 이름, 노래 제목 등으로도 많이 쓰인다고 해요. 환희에 찬 꿈

속의 나와, 꿈에서 깨었을 때의 현실 속 나 사이의 괴리를 나타내는 시적인 표현으로도 더러 쓰인다고 합니다.

아리아리

'아리아리'는 낯이 익죠? 우리의 대표적인 민요 〈아리랑〉에도 등장하니까요. '아리아리'는 '아리아리하다'의 어간으로, '아리아리하다'는 '계속해서 아린 느낌이 있다', '여럿이 섞여서 또렷하게 분간하기 어렵다'는 뜻을 가진 순우리말입니다. 특히 매운 것을 먹었을 때 "혀끝이 아리아리하다."라고 하는데요, 단어의 어감과 뜻이 참 잘 어울리지 않나요?

웅숭깊다

생각이나 뜻이 크고 넓은 사람을 만났을 때 그 사람을 표현할 마땅한 단어가 있나요? 여기 '웅숭깊다'를 소개해 드립니다. 지금은 자주 쓰지 않지만, 과거에는 사투리가 생길 정도로 많이 사용했던 말입니다. 주변에 생각이 깊고 품이 넓은 사람이 있다면, '웅숭깊다'라고 말해 보세요. "당신은 참 웅숭깊은 사람입니다."라고 하면, 그 말을 한 사람 역시 웅숭깊은 사람이 될 것만 같아요.

몽짜

생김새가 딱 여지없이 신조어죠? 하지만 오래전부터 써 온 순우리말입니다. '심술궂게 욕심을 부리는 짓 또는 그런 사람'을 뜻해요. "왜 그렇게 몽짜를 부리니?"라고 쓸 수 있죠. '제대로 대접을 받지 못해서 부리는 심술'을 뜻하는 '몽니'와 생김새나 뜻이 비슷합니다.

인터넷에서나 현실에서 어디 가나 꼭 심술궂은 사람은 있기 마련인데요, 이럴 때는 괜히 신조어 만들지 말고 "몽짜스러운 사람!"이라고 쏘아붙여 줍시다.

6장

뭔지는 아는데
이름은 모르는
물건들 명칭

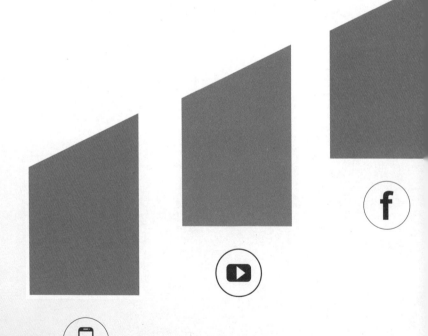

피자 세이버

배고플 때 피자 시키면 피자 박스 한가운데 떡하니 자리 잡고 있는 저 플라스틱. 자주 봐서 뭔지는 아는데 이름도 모르겠고, 용도도 분명하지 않은 물건! 삼발이인가? 네 발 달린 것도 있던데.

이름은 '피자 세이버^{pizza saver}'이고, 말 그대로 '피자를 지켜 주는' 친구예요.

피자를 배달하는 과정에서 박스 윗부분에 닿아 피자가 지저분해지는 것을 막아 줄 뿐만 아니라, 조각난 피자가 서로 엉키는 것을 방지한다고 해요. 알고 보니, 저 친구 덕분에 피자를 맛있게 먹을 수 있었던 거죠. 피자 세이버, 고마워.

나 아니면 이렇게 된다.

브래드 클립

식빵을 포함하여 빵을 사면 따라오는 물건이 있죠? 이름은 '브래드 클립^{bread clip}'이에요. 빵 봉지를 묶을 때 사용하기 때문에 '빵 묶는 것'이라고 부르는데, 앞으로는 정식 명칭으로 불러 주도록 해요.

비슷한 용도로 빵 봉지를 묶는 끈도 있는데요, 그 친구 이름은 트위스트 타이^{twist tie}입니다. 둘 다 굉장히 자주 접하는데 딱 맞는 우리말은 아직 없습니다.

신발 끈과 후드 끈 끝에 붙어 있는 그것

끈이 달린 후드 티나 끈이 있어서 허리를 조일 수 있는 스트링 팬츠 등 끈이 달려 있는 의류나 신발에는 백이면 백 있는 그것! 끈 끝에 달려 있는 물체가 있는데요, 이름은 애글릿^{aglet}입니다. 애글릿은 바늘을 뜻하는 라틴어 acucula에서 파생된 단어라고 해요.

aglet의 사전적 의미는 '(구두끈 등의 끝을 감은) 쇠붙이'인데, 오늘날에는 두꺼운 비닐을 감기도 하죠. 이 애글릿이 없다면 신발 끈 끼우기조차 힘들 거예요.

회 밑에 깔려 있는 하얀색 물체는?

우리나라에서 회를 시키면 꼭 같이 나오는 게 있죠? 바로 회 밑에 깔려 있는 '천사채'입니다. 꼭 당면 같아 보이기도 하고, 야채 같기도 하죠. 많은 사람이 이 '천사채'를 못 먹는 것으로 생각하는데, 놀랍게도 먹어도 살이 찌지 않는 건강식품으로 개발된 엄연한 '음식'입니다.

이 식품은 다시마 추출물로 만들었는데요, 하늘이 내릴 만큼 귀하고 먹으면 몸이 가벼워져서 천사처럼 날 수 있다는 뜻을 이름에 담았다고 해요. 개발자인 (주)황금손의 배대열 대표는 천사채가 회를 받치는 장식용으로 쓰일 줄은 몰랐다고 하네요. 건강식품이라고는 하지만, 회 밑에 깔린 걸 먹었다가는 세균에 감염될 위험성이 있으니, 회 장식용으로 나온 것은 가급적 먹지 않는 게 좋다고 합니다.

천사채를 재료로 만든 해산물 샐러드

시골의 논에 있는 커다란 마시멜로

가을이 지나고 추수가 마무리될 무렵 비어 있는 논에 하얀 원기둥 모양의 큼지막한 물체가 자주 눈에 띄는데요. 이 물건의 이름은 '곤포 사일리지'입니다.

사일리지silage는 원래 추수를 하고 난 뒤에 남은 볏짚이나 목초 등을 돌돌 말아서 보관했다가 나중에 가축의 사료로 쓰기 위해 모아 둔 것인데요. 곤포 사일리지는 볏집과 목초 등의 영양소가 빠져나가는 것을 최소화하고 수분을 보관하기 위해 흰색 비닐곤포로 여러 겹 감은 것을 말합니다. 우리나라에서는 2003년부터 사용되기 시작했다고 합니다.

이렇게 저장한 목초는 곤포 안에서 발효되어 가축의 좋은 먹이가 되니까. 꼭 필요한 물건이네요.

재래식 사일리지

도로 위 안전을 책임지는 꼬깔콘

운전을 하거나 차를 타고 가다 보면 반드시 보게 되는 물건이 있습니다. 과자 모양과 비슷하게 생겨서 많은 분들이 '꼬깔콘'이라고 부르는데, 정식 명칭은 '라바콘rubber cone'입니다. rubber가 고무이니까, 굳이 해석을 하자면 '고무 깔때기' 정도가 되겠네요. 생김새 때문에 다양한 이름으로 불리는 대표적인 물건이라고 할 수 있습니다.

책갈피 역할을 하는 끈

두꺼운 양장 도서나 플래너에 달려 있는 끈이 있죠? 읽던 곳이나 필요한 곳을 쉽게 찾을 수 있도록 책갈피에 끼우는 끈인데요, 리본 또는 스핀이라고 불리는 이 물건의 정체는 바로 '가름끈'입니다. 영어로는 북마크^{bookmark}이고, 사실 이 단어가 훨씬 더 익숙할 거예요. 하지만 '가름끈'이라는 예쁜 우리말이 있으니 앞으로는 더 자주 사용하도록 해요.

선물 박스에 넣으면 딱 좋은 그것!

　선물할 때 박스에 이것만 넣으면 딱 완성되는 느낌이 나는데요, 흔히 쓰는 표현으로는 쵸핑^{chopping}, 다른 말로는 스타핑^{stopping}이라고도 합니다. 선물 박스에 채워 넣는 솜이나 종이 등을 의미하죠. 충격을 완화해 줄 뿐 아니라 디자인 효과도 뛰어나기 때문에 선물 포장할 때 애용하게 되는데, 이름을 알아야 구할 수 있겠죠? 앞으로 선물 포장할 때는 쵸핑을 써 보세요.

마트에서 결제할 때 물건 구분하는 막대

마트에서 결제할 때 물건을 계산대에 올리면서 앞사람 물건과 섞이지 않도록 하기 위해 하는 행동이 있죠? 바로 요상하게 생긴 막대기로 구분을 하는 건데요, 이 막대기에도 이름이 있습니다. '체크아웃 디바이더^{check out divider}'예요.

굉장히 유용한 물건이기 때문에 계산대가 존재하는 거의 모든 매장에서 볼 수 있어요. 익숙하고 자주 접하는 물건인데도 따로 부를 일이 없어서 이름을 모르는 분들이 많을 거예요.

귤에 있는 흰색 보푸라기는 이름이 뭘까?

굴껍질을 까면 알맹이와 껍질 사이에 하얀색 섬유질 층이 있습니다. 대부분의 분들이 이 부분은 떼어 내고 알맹이만 쏙 먹는데요, 이 부분의 이름을 아시나요? '귤락'이라고 알려져 있는데, 정확한 명칭은 '알베도층'입니다.

원래 알베도albedo는 물체에 닿거나 지표면에 반사되어서 우주로 돌아가는 태양 에너지의 양을 나타내는 단위입니다. 태양뿐만 아니라 물체의 표면에 닿은 빛이 반사되는 비율을 나타내기도 합니다. 천문학에서 쓰는 용어가 왜 귤의 섬유질을 가리키는 말이 되었는지는 모르지만, 외국에서는 'orange albedo powder'라고 표현하기도 합니다.

귤과 오렌지 등의 '알베도층'은 맛이 없지만, 건강에 좋으니 가급적이면 떼지 말고 알맹이와 함께 먹는 것이 몸에 이롭다고 합니다. 식이섬유와 비타민 C가 풍부하고 항균·항바이러스 작용을 하는 비타민 P가 함유되어 있어서 모세혈관을 튼튼하게 하며 산화작용을 억제하는 데 도움을 준다고 합니다. 한의학에서도 독소를 배출하고 소화 불량을 해소하는 데 효과가 있다고 해서 약재로 쓰인다고 하네요.

알베도층을 떼어 내고 귤을 드셨던 분들은 이름을 기억하면서 함께 먹도록 해요.

두루마리 휴지 가운데 있는 종이 원통 이름은?

두루마리 형태의 휴지를 주로 사용하는 우리나라에서는 모르는 사람이 없는 물건이지만, 이름을 제대로 아는 분은 별로 없을 거예요. 바로 두루마리 휴지 가운데 있는 종이로 된 원통입니다. 이름은 '지관紙管'이에요.

'휴지심'이라고도 불리는데, '지관'이라는 말 자체가 '종이로 만든 관'이라는 뜻이기 때문에 랩이나 종이, 천 등 둘둘 말아서 보관하는 물건에 쓰는 것은 모두 '지관'이라고 부르고 있습니다.

두루마리 휴지에 대해서 조금 더 이야기해 볼까요? 두루마리 휴지는 우리나라뿐 아니라 세계 대부분의 국가에서 사용하고 있습니다. 그러나 우리나라를 제외한 다른 나라에서는 대체로 두루마리 형태의 휴지는 화장실에서만 사용한다고 해요. 그래서 우리나라를 찾은 외국인들이 테이블이나 식탁 위에 두루마리 휴지가 올라가 있는 것을 보면 그야말로 문화충격을 느낀다고 해요. 세계적인 관광지인 제주도에서는 한때 식객 업소에서 두루마리 휴지를 테이블에 올리거나 벽에 걸어 두면 벌금을 물리기도 했다고 해요. 하긴 지금은 우리나라의 식당에서도 냅킨을 쓰는 것이 일반적이니까 외국인들이 한국 식당에서 충격과 공포를 느낄 일은 없을 것 같네요.

새 양말 끝에 달려 있는 집게

새로 구입한 양말 끄트머리에 있는 쇠로 된 조그만 집게의 이름을 아시나요? 혹시라도 한 쌍이 아니거나 짝짝이로 양말을 사거나 파는 일이 없도록 해 주는 물건인데요, 이름은 '양말 코핀'입니다.

안다고 해서 "이거 양말 코핀이야."라고 막 일부러 알려 주면서 다닐 필요는 없지만, 그래도 이름을 알아 두면 언젠가 유용하게 써먹을 날이 오겠죠?

뭔지는 아는데 이름은 모르는 물건들 명칭 →

포장 음식에 딸려 오는 조그만 칼

배달 음식을 시켰는데, 이 물건이 같이 안 오면 살짝 불편해지죠. 용기 안의 음식물이 새지 않도록 밀봉한 필름을 간단하게 제거할 수 있는 유용한 칼인데요, 정식 명칭은 '실링칼'입니다. '랩칼'이라고 표현하기도 해요.

유용한 물건이기는 하지만, 플라스틱 일회용품이니 가급적이면 덜 쓰도록 해야겠죠?

뜨거운 커피를 주문하면 나오는 납작한 빨대

 '얼죽아^{얼어 죽어도 아이스 아메리카노}'라는 말이 있을 정도로 우리나라 사람은 아이스커피를 즐깁니다. 그래도 추운 겨울에 몸을 녹이거나 취향에 따라 뜨거운 커피를 즐기는 분도 많을 거예요. 바로 이때, 따뜻한 커피를 주문하면 딸려 오는 납작한 빨대의 이름은 뭘까요? '십 스틱'입니다. 영어 sip은 '홀짝거리다'라는 뜻을 가진 단어입니다. 그러면 '홀짝거리는 빨대'라는 뜻일까요?

 '십 스틱'은 뜨거운 음료를 마시다가 혀를 데는 일을 방지하기 위해 만들어진 빨대예요. 아쉽게도 적절한 우리말 표현은 따로 없는 것 같아요.

문콕을 방지해 주는 파란색 스펀지

'문콕'이라는 말도 신조어예요. 문을 열면서 어디에 콕 부딪쳐서 흠이 생기는 걸 말하죠. 이 문콕을 방지해 주는 물건이 있습니다. 특히 새 차를 출시할 때면 문을 열고 닫으면서 흠이 생기는 걸 막기 위해 파란색 스펀지가 붙어 있는 걸 볼 수 있을 거예요. 내 차뿐 아니라 남의 차에 피해를 주는 것도 막아 주죠.

이 스펀지의 이름은 '도어가드'입니다. 하지만 이 역시 콩글리시이기는 해요. 영어의 door guard는 출입구를 지키는 사람 내지는 문의 잠금장치를 뜻하거든요. 우리나라의 문콕 방지 '도어가드'는 다양한 디자인으로 개발되고 있어서 눈을 즐겁게 해 준다고 하네요.

붙여 쓰기도 하고 띄어서 쓰기도 하는 아리송한 단어들

우리말에는 까다로운 점이 많은데, 그중 하나가 '띄어쓰기'입니다. 띄어쓰기를 잘하는 방법은 딱히 없어요. 책을 많이 읽고 옳은 문장을 자주 접하면서 익숙해지는 수밖에요. 맞춤법과 띄어쓰기에 관해서 일목요연하게 정리해 둔 책도 있지만, 열심히 공부한다고 해서 국어 척척박사가 되는 것은 아니에요. 평범한 사람들은 외운 걸 잊어먹는 게 당연하고, 국어 맞춤법은 말 그대로 한 끗 차이로 의미가 달라지기 때문에 헷갈리기 쉽거든요.

이번에는 붙여 쓸 때와 띄어서 쓸 때 의미가 달라지는 대표적인 단어 몇 개에 대해서 알아보도록 할게요.

한 번 vs 한번

참 헷갈리는 어휘입니다. 먼저 띄어서 쓴 '한 번'을 볼게요.

'한 번'은 '두 번, 세 번, 네 번……'과 같이 순서나 횟수를 셀 때 쓰는 표현입니다. 반면에 붙여서 쓴 '한번'은 아래와 같은 뜻이 있습니다.

① 어떤 일을 시험 삼아 시도함을 나타내는 말
② 기회 있는 어떤 때에

③ 어떤 행동이나 상태를 강조하는 뜻을 나타내는 말

④ 일단 한 차례

위의 뜻이 각각 적용된 예시 문장을 볼까요?

① 너무 맵지 않은지 네가 한번 먹어 봐.

② 한가할 때 언제 한번 놀러와.

③ 그 녀석 춤 한번 잘 춘다.

④ 일단 한번 먹었다 하면 멈출 수 없을걸.

'한 번'과 '한번'을 구분하는 가장 좋은 방법은 '한번'을 '두 번', '세 번'으로 바꾸어서 뜻이 통하면 '한 번'으로 띄어서 쓰고, 그렇지 않으면 '한번'으로 붙여서 쓰는 겁니다.

한번 엎지른 물은 주워 담지 못한다.

한 번 실패한 것 갖고 왜 그리 낙담하고 그래.

'한번'은 '한번은'이라는 형태로 쓰여서 '과거의 어느 때'를 나타내기도 합니다.

한번은 길 가다 자전거랑 부딪혀서 크게 다쳤어.

그래도 헷갈리시죠? 사실 책을 편집하는 에디터들도 사용법을 정확히 구분 못해서 '한번'과 '한 번' 앞에서 고민을 많이 한다고 해요. 그래도 쓰임새를 염두에 두고 조금씩 익숙해지도록 노력해요.

천 년 vs 천년

'천 년'은 말 그대로 1,000년이나 그 즈음의 시간을 한글로 표기한 거예요. 반면에 '천년'은 '오랜 세월'을 뜻합니다. 우리나라의 대표적인 관광지인 경주를 '신라의 아주 오래된 수도'라는 뜻으로 '천년 고도'라고 부르는데, 경주가 실제로 딱 1,000년 동안 신라의 수도였던 건 아니잖아요? 그래서 '천년'이라고 붙여서 쓰는 거예요.

만 년 vs 만년

'만 년'과 '만년' 역시 비슷한 어휘입니다. '만 년'이라고 띄어서 쓰면 10,000년을 말하는 거예요. '만년'은 '천년'과 마찬가지로 '오랜 세월'이라는 뜻을 갖죠. 그래서 '천년만년'이라고 하면 '아주 오랜 세월'을 뜻한답니다.

붙여서 쓰는 '만년'에는 다른 뜻도 있습니다. 혹시 '만년 과장', '만년 청춘'이라는 표현을 본 적 있나요? 이때의 '만년'은 '변함없이 한결같은 상태'를 뜻합니다. '만년 과장'은 진급을 못해서 과장 직함에서 벗어나지 못하는 사람을, '만년 청춘'은 나이가 들어서도 젊은이처럼 마음이 늙지 않은 상태를 뜻합니다.

한자가 다른 '만년晩年'은 '나이가 들어 늙어가는 시기'를 말합니다.

젊었을 때 깡패였던 그는 만년에 목사가 되어 훌륭한 삶을 살았다.

만 원 vs 만원

'만 원'과 '만원'은 한글 표기는 같지만, 한자가 다릅니다. 천 년(천년)과 만 년(만년)은 한자가 같거든요. '만 원萬원'은 화폐 단위인 10,000원을 뜻하고, '만원滿員'은 '정해진 인원이 꽉 참'을 뜻해요. '만원 버스'는 탑승료가 10,000원인 버스가 아니라, 인원이 꽉 차서 더 이상 탈 수 없는 버스를 말하는 거죠.

아, 그리고 참고로 하나만 더 알려 드릴게요. 우리나라의 화폐 단위인 '원'은 한자가 없는 순우리말입니다.

1분 우리말

일상과 사회생활의 '글실수'를 예방하는
국어 맞춤법 즉석 처방

ⓒ 한정훈 · 강민재, 2022

초판 1쇄 인쇄 2022년 5월 4일
초판 1쇄 발행 2022년 5월 24일

지은이   한정훈 · 강민재
펴낸이   이성림
펴낸곳   성림북스

책임편집 이양훈
디자인   이인선

출판등록 2014년 9월 3일 제25100-2014-000054호
주소   서울시 은평구 연서로3길 12-8, 502
대표전화 02-356-5762
팩스   02-356-5769
이메일   sunglimonebooks@naver.com

ISBN   979-11-88762-46-0 (03700)